堀口茉純

論語と将軍

徳川将軍15人と江戸時代を創った帝王学

周敬王十一年
魯定公元年也
魯昭公卒定公
立季氏僭於公
室陪臣執國政
故孔子不仕退
而脩詩書禮樂
以教弟子弟子
彌衆

KODANSHA

はじめに

日本史には〝天下人《てんかびと》〟と呼ばれる人物が三人います。織田信長《おだのぶなが》、羽柴秀吉《はしばひでよし》、徳川家康《とくがわいえやす》です。彼らは戦国時代に生まれ、熾烈《しれつ》な戦いを勝ち抜き、自らを頂点とする政権を打ち立てました。

しかし一般的には、信長と秀吉の苦労と功績は計り知れず、家康はタイミングよくその波に乗ったに過ぎないという印象が強いように思えます。何かを成し遂げる際に運は実力とともに重要な要素ですから、家康が強運の持ち主だったことは否定しません。

ただ、運だけで長期政権を打ち立てることはできないのです。権力を長い間維持するのは至難の業。それは奇しくも信長、秀吉が証明しています。彼らの強大な権力はその死とともに虚《うつ》ろい、子孫に受け継がれることはありませんでした。

しかし家康は違います。彼が征夷大将軍《せいいたいしょうぐん》となって江戸に幕府を開いて以降、十五代にわたって子孫が権力の最高峰に君臨し続け、265年にわたる驚異的な長期政権を実現させました。長く続く平和な時代を創りだしたことは織田信長にも羽柴秀吉にも成し得なかった偉業。裏を返せば信長にも秀吉にもなかったものが家康にはありました。

それが儒学だと私は考えています。

信長といえば幼少期に父の葬式で位牌《いはい》に抹香《まっこう》を投げつけたという逸話がありますが、これは儒学の〝孝《こう》（子は親を敬うべし）〟の考えから著しく反しています。秀吉に至っては儒学と結びつくエピソードはほとんど思い浮かびません。

別に信長や秀吉が無教養だったと言いたいわけではないのです。戦国時代において儒学は、禅僧を中心に一部の知識階級が学ぶ教養という扱いで、一般的ではなかったのですから。むしろ儒学を愛し、広めようとした家康が特殊なのです。

では、なぜ家康は儒学を重んじたのでしょうか？

これについては誤った認識が広まっているように感じます。原因はおそらく、学校の日本史の授業などで江戸時代を学ぶ際に、次のような趣旨の解説がされるから。

《江戸時代になると、徳川家康は幕府や藩に対する抵抗心を封じるために「下は上に対して従順であるべき」という身分秩序を重んじる思想＝「上下定分《ていぶん》の理《り》」を主張する儒学者（朱子学者）・林羅山《はやしらざん》を重用。幕府や藩の支配の正当性を高めるために儒学、特に朱子学《しゅしがく》（P6）を利用した》

これを聞くと「江戸時代って大パワハラ時代だったんだな」という印象になりますよね。

結論から言うとこれは誤解です。たとえば「上下定分の理」の解釈は、林羅山が記した

『春鑑抄《しゅんかんしょう》』の以下の部分を論拠に展開されるのが定石です。

天ハ尊ク地ハ卑シ、天ハ高ク地ハ低シ。上下差別アルゴトク、人ニモ又君ハ尊ク、臣ハ卑シキゾ

(天は尊く地は卑しい、天は高くて地は低い。こうした上下の差や分別があるように、人間社会においても主君の身分は尊(高)く家臣の身分は卑し(低)い)

確かにこの部分だけ読めば、天と地の上下があるように、人の身分の上下関係も不変的で絶対のものであるという主張のように感じられます。ですが、この文章を読み進めると、

君モ臣ヲツカウニ礼儀ガナクンバ、国ハ治マルマイゾ。必ズ乱レンゾ。乱ルレバ滅ブルゾ

(主君が家臣に対する礼儀が無ければ国は治まらず、必ず乱れるぞ。乱れれば滅びるぞ)

とあります。つまり羅山の主張の本質は、単に「下は上に対して従順であるべき」というような一方的なものではありません。むしろ「上（主君）が下（家臣）をないがしろにすれば、国は必ず乱れ、滅びる」とまで言っているのです。「大パワハラ時代」とは真逆！

ちなみに家康は確かに朱子学者の林羅山を重用しましたが、儒学者が正式な幕府の役職として認められるのは五代将軍・綱吉《つなよし》の時（P81）で、朱子学が正学《せいがく》（幕府が公認する儒学の学派）になるのは十一代将軍・家斉《いえなり》の時（P162）。家康が幕府創業の時点で、支配の正当化のために儒学、特に朱子学を利用したとするのは些《いささ》か無理があるのです。

どうでしょう。これだけで江戸時代のイメージがだいぶ変わりませんか？
もしかすると、私たちは知らず知らずのうちに、江戸時代に対して随分ネガティブなイメージを刷り込まれてきたのかもしれません。

本書ではなぜ家康が儒学を重視し、歴代徳川将軍の帝王学となるに至ったのか。長期政権を維持できた秘訣や、終焉《しゅうえん》の理由までを考察。また、はじめは支配者層の学問として広まった儒学が、いかにして商人や農民といった被支配者層である武士以外の身分にまで浸透し、学問といえば儒学を指すまでに至ったのか。その過程をつまびらかにしていきます。

なお、各将軍の冒頭ページではそれぞれの治世を象徴する言葉を抽出し、原典や用例、故事成語の出典として知られている『論語』をはじめとした四書五経《ししょごきょう》（P6）や、『貞観政要《じょうがんせいよう》』（P41）といった儒学のテキストをご紹介しました。〝長幼《ちょうよう》〟〝忠孝《ちゅうこう》〟など儒学用語としてお馴染みのものはもちろんですが、〝観光《かんこう》〟〝経済《けいざい》〟といった、現在一般的な用語として定着している言葉も、原点が儒学にあることを知るだけで新たな発見があると思います。

読み終えるころには学校では習わなかった、江戸時代の真の姿が見えてくるはずです。
最後までごゆるりとご笑覧ください。

堀口　茉純

本書を読む前に　～What's儒学

儒学とは儒教を基本とした学問を指します。儒教（儒家思想ともいう）とは、古代中国の春秋時代（紀元前5世紀）に生きた**孔子**《こうし》の教えをもとに発達した思想です。

儒教における最高の人格は「聖人《せいじん》」と呼ばれ、もともとは古代中国の伝説の中の**尭**《ぎょう》**・舜**《しゅん》・禹《う》といった王、または**殷**《いん》**の湯王**《とうおう》**、周**《しゅう》**の文王**《ぶんおう》**・武王**《ぶおう》などを指し、やがて孔子のような最高の〝徳〟を身に付けた人を指すようになりました。儒学では学問を修めることによって誰でも聖人になれるとされ、そのためには限りない努力が必要とされました。なかでも、後年江戸幕府が正学とした儒学の一学派である**朱子学**では、「聖人をめざして努力することこそが生きる意味」としています。儒教における学問とは、主に「経書」の学習を指します。「経書」とは儒教の経典のことで、儒学のためのテキストです。代表的なものには、次のようなものがあります。

四書…『**論語**』『**孟子**《もうし》』『**大学**』『**中庸**《ちゅうよう》』

五経…『**易経**《えききょう》』『**書経**』『**詩経**』『**春秋**』『**礼記**《らいき》』

以上を「**四書五経**」といい、さらにこれらのいくつかに何冊か足したものを「十三経《じゅうさんけい》」といいます。

十三経…『**易経**』『**書経**』『**詩経**』『春秋左氏伝』『**春秋公羊伝**《しゅんじゅうくようでん》』『春秋穀梁伝』『周礼』『儀礼』『**礼記**』『**論語**』『**孟子**』『**孝経**』『爾雅』

※本書に登場するものは太字

論語と将軍
徳川将軍15人と江戸時代を創った帝王学

目次

第三章　広まる儒学の時代

第四章　熱狂！　儒学の時代

絵と文／堀口　茉純

装幀／熊谷　博人
本文デザイン／望月　文子
図版制作（P160）／カジワラ　ユカリ
本文校閲／平入　福恵
カバー写真／国立国会図書館デジタルコレクション

※本書の読み下し文は、参考文献（P238）に記載の書籍を中心に、複数の書籍を参照しています。

第一章 手さぐり儒学の時代

	将軍	在位	ブレーン または側近	侍講など 政治の中枢に いた儒者	その他の儒者
初	家康《いえやす》	慶長《けいちょう》8（1603） ～約2年間	金地院崇伝《こんちいんすうでん》 南光坊天海《なんこうぼうてんかい》	林羅山《はやしらざん》	藤原惺窩《ふじわらせいか》
2	秀忠《ひでただ》	慶長10（1605） ～約18年間	土井利勝《どいとしかつ》		
3	家光《いえみつ》	元和《げんな》9（1623） ～約28年間	酒井忠勝《さかいただかつ》 松平信綱《まつだいらのぶつな》	林羅山 林鵞峰《はやしがほう》	中江藤樹《なかえとうじゅ》 松永尺五《まつながしゃくご》
4	家綱《いえつな》	慶安《けいあん》4（1651） ～約29年間	保科正之《ほしなまさゆき》 酒井忠清《さかいただきよ》		熊沢蕃山《くまざわばんざん》 山崎闇斎《やまざきあんさい》 山鹿素行《やまがそこう》 吉川惟足《よしかわこれたり》※ 伊藤仁斎《いとうじんさい》

※儒学をとり入れた神道家

初代　家康《いえやす》と徳治《とくち》

◆治世を象徴する儒学の教え――出典／『孟子《もうし》』公孫丑《こうそんちゅう》上（王覇之弁《おうはのべん》）

【原文】

孟子曰、以力假仁者霸。霸必有大國。以德行仁者王。王不待大。湯以七十里、文王以百里。以力服人者、非心服也、力不贍也。以德服人者、中心悦而誠服也、如七十子之服孔子也、詩云、自西自東、自南自北、無思不服、此之謂也。

【読み下し文】

孟子《もうし》曰《いわ》く、力《ちから》をもって仁《じん》を仮《か》る者《もの》は覇《は》たり。覇《は》は必《かなら》ず大国《たいこく》を有《も》つ。徳《とく》をもって仁《じん》を行《おこな》う者《もの》は王《おう》たり。王《おう》は大《だい》を待《ま》たず。湯《とう》は七十里《しちじゅうり》をもってし、文王《ぶんおう》は百里《ひゃくり》をもってせり。力《ちから》をもって人《ひと》を服《ふく》する者《もの》は、心服《しんぷく》せしむるには非《あら》ず、力《ちから》贍《た》らざればなり。徳《とく》をもって人《ひと》を服《ふく》する者《もの》は、中心《ちゅうしん》より悦《よろこ》びて誠《まこと》に服《ふく》せしむるなり、七十子《しちじっし》の孔子《こうし》に服《ふく》せるが如《ごと》し。詩《し》に、西《にし》より東《ひがし》よりし、南《みなみ》より北《きた》よりし、服《ふく》せざる無《な》しと云《い》えるは、此《こ》れこの謂《いわれ》なり。

【現代語訳】

孟子がおっしゃった。うわべは〝仁《じん》（他者への愛情）〟にかこつけながら、武力で人を支配するものは覇者《はしゃ》である。覇者は必ず大国であることを背景にしている。これに対して、〝徳《とく》〟によって〝仁政《じんせい》〟を行う者が王者だ。王者が治めるのは必ずしも大国ではない。しかし湯王《とうおう》は七十里四方、文王は百里四方の小さな領土から興《おこ》って天下の王者となった。力で人を屈服させる者は、人を心から服従させているのではない。人はただ己の力が足りないから従っているだけだ。しかし〝徳〟によって支配する者には、人は心から喜んで服従する。七十人の弟子が孔子《こうし》に服したのと同じだ。『詩経《しきょう》』で「西からも東からも、南からも北からもやってきて、武王《ぶおう》に服従しない者はいなかった」とあるのは、このことを言っている。

【超要約】

武力で人を従わせる覇者ではなく、〝徳《とく》〟をもって政治を行う王者が天下を治める。

🔑の解説はP28～29をご覧ください

●歴史オタクだった家康の愛読書は『孟子』

徳川家康は戦国時代中期に西三河《にしみかわ》（愛知県東部）の岡崎《おかざき》城主・松平広忠《まつだいらひろただ》の長男として生を受けた。その領国は東に今川《いまがわ》家、西に織田《おだ》家といった有力大名に囲まれており、松平家はいつ吸収されてもおかしくない状態で、家康は6歳から織田家の人質になり、父・広忠が急死した（暗殺とも）後、8歳から19歳までは今川家の人質として過ごした。

人質というのはその言葉から連想するような、身体拘束をされて命の危険にさらされ続けるといったものではない。織田家、今川家としても松平家を円満に傘下に取り込むために人質家康を丁重に扱い、特に今川家では軍師としても名高い禅僧（臨済宗《りんざいしゅう》）・**太原《たいげん》崇孚《そうふ》**（🔑1）を学問の師に就けるなどして一流の教育を施した。このような環境のなかで育った影響であろう、家康は大の読書家&学問好きになる。

江戸時代に書かれた徳川将軍の公式記録『徳川実紀《とくがわじっき》』によれば、家康は四書《ししょ》（『論語《ろんご》』『大《だい》学《がく》』『中庸《ちゅうよう》』『孟子《もうし》』）、『史記《しき》』（古代中国の通史）、『漢書《かんじょ》』（前漢の歴史書）、『貞観政要《じょうがんせいよう》』（唐の太《たい》宗《そう》の言行録《げんこうろく》）の講義をくり返し受け、『六韜《りくとう》』『三略《さんりゃく》』（中国の兵法書《へいほうしょ》）を嗜《たしな》み、日本のものは『延喜式《えんぎしき》』（平安時代の法律）、『吾妻鏡《あづまかがみ》』（源頼朝など鎌倉幕府の正史）、『建武式目《けんむしきもく》』（室町幕府の足利尊氏《あしかがたかうじ》による政治問答集）をいつも読んでいたという。そのラインナップは儒学系が多く、歴史ジャンルに偏《かたよ》っているという特徴がある。

そう。家康は歴史オタクだったのだ。同書によると家康は家臣の**本多忠勝**《ほんだただかつ》（🔑2）に次のように話した。

われ儒生《じゅせい》をして経書を読ましめて聞くに、おほよそ天下の主たらん者は。四書の理に通ぜねばかなわぬ事なり。もし全部しる事かなわずばよくよく孟子の一書を味ひ知るべきなり

（『徳川実紀』東照宮御実紀附録巻二十二より）

つまり、私（家康）は儒学者から四書五経《ししょごきょう》の講義を聞いているが、天下の主にならんとする者は四書をよく理解しなくてはならない。もし全部を知ることができないならば『孟子』の一冊を味わい学ぶべきだ。というのだ。**歴史オタクの家康が人の上に立つ人間として最も重視したのが儒学の基本経典となる四書で、その中でも一推《いちお》しが『孟子』**だったというのは実に興味深い。

『孟子』は、孔子の死後100年余り経《た》って生を受けた孟子の言行録である。孔子・孟子の生きた春秋戦国時代《しゅんじゅうせんごくじだい》は、古代中国の王朝である周《しゅう》が弱体化して強国が乱立。有力諸侯が領土拡大のために血みどろの争いに明け暮れていた。そのようななかで孟子は、孔子の教えである儒学を広めて、動乱の世を治めて泰平《たいへい》の世に導くべく諸国を巡り、〝王覇之弁〟を説いた。

〝王覇之弁〟は14ページで紹介した通り、為政者は武力によって人を従わせる覇者ではなく、徳をもって政治を行う〝徳治〟の王者たれ。遠回りに見えてもそれが天下を治めるための近道なのだ、という内容で、『孟子』を特徴づける考え方の一つである。

〝徳治〟は孔子が重視した儒学の基本思想で、『論語』にはこんな一説がある。

子曰、為政以徳、譬如北辰居其所、而衆星共之

（『論語』巻一　為政第二より）

孔子がおっしゃった。政治は徳をもって行えば、ちょうど**北極星**《ほっきょくせい》（🔑3）を中心に星々が廻るように人々が心服するようになる、という意味だ。孟子もこの〝徳治〟思想を継承して〝王覇之弁〟を主張した。

孔子・孟子が生きた古代中国の春秋戦国時代を彷彿とさせるような日本の戦国乱世に、弱小領主の子として生まれた家康が〝徳治〟思想による〝王覇之弁〟に強い感銘を受けたであろうことは想像に難くない。

ちなみに家康は25歳の時に三河統一を成し遂げ、名字を松平から徳川に改名している。これは松平家が清和源氏《せいわげんじ》の名門・新田家《にったけ》の末流の得川義季《とくがわよしすえ》の子孫であることを自称し、出自に箔をつけて支配の正当性を強化するためとされているが、なぜ〝得〟川ではなく〝徳〟川としたのかについては、はっきりとしたことはわかっていない。

一般的には得川には表記ゆれがあって徳河、徳川と書くこともあったし、求めて手に入れるという意味の得よりも、高い人格を表す徳の字のほうが格調高いから、徳川としたのであろうといわれている。

しかし家康の儒学重視の姿勢を鑑《かんが》みれば、かなり強い意思をもって〝徳〟の字を名字に戴《いただ》いたとも考えられるのではないか。四書を座右の書とし、とりわけ『孟子』を愛した家康は、三河一国の主になった時に自身が〝徳治〟の王者たらんと決意した。その志を名に刻むべく、〝得〟川ではなく〝徳〟川を名乗ったのではないかと、私には思えてならないのだ。

真相はわからない。しかし〝王覇之弁〟によれば〝徳治〟の王者が王道を行く先に天下があるというように、やはり家康も天下人《てんかびと》への道を歩み始めた。

ゆっくりと、着実に。

●日本儒学の明けの明星・藤原惺窩《ふじわらせいか》

家康が羽柴秀吉《はしばひでよし》に臣従《しんじゅう》し、関東に移封《いほう》されて江戸に拠点を置いたのは天正一八年（1590）、49歳の時のこと。その後、天下統一を果たした秀吉は、**朝鮮出兵《ちょうせんしゅっぺい》**（🔑4）を開始した。羽柴政権ナンバー2だった家康は、膨大な犠牲を払うことになる朝鮮出兵に慎重な立場をとって半島への出兵はせず、後詰《ごづ》めとして肥前名護屋《ひぜんなごや》（佐賀県唐津市《からつし》）に在陣する。この時、同地にて藤原惺窩《ふじわらせいか》と出会った。

惺窩は幼少期から聡明叡智《そうめいえいち》。7歳で仏門に入り、相国寺《そうこくじ》（臨済宗）の禅僧となった。相国寺は京都五山《きょうとござん》の一つで当時の日本の学問界の中枢であり、時の権力者にもその知識を提供した。惺窩はこのような環境で育ち、五山の禅僧の間で盛んであった儒学に傾倒する。

朝鮮出兵の際は秀吉の養子・羽柴秀俊《ひでとし》に従って肥前名護屋《ひぜんなごや》に赴き、講和使として来日した明《みん》の使節らと交流。その中で儒学に強い関心を持つ家康の知遇を得た。

朝鮮出兵が一時休戦となった文禄二年（1593）十二月には、家康の本拠地である江戸に招かれ、『貞観政要』の講義をする。惺窩この時33歳。立場としては禅僧であったが、既に儒学志向は相当強かった。江戸の仏教寺院の近くで詠んだこんな歌が残っている。

をろかにも　にし(西)とばかりはたのむかな　穢土《えど》に浄土はありける物を

西方浄土《さいほうじょうど》(穢《けが》れや煩悩《ぼんのう》から離れた死後の世界)ばかりに思いを寄せる僧侶はおろかである、穢土(穢れや煩悩が多い現世)に浄土は存在してきたというのに、という意味だ。

奇しくも家康は次の言葉を自身の旗印としていた。

厭離穢土《おんりえど》　欣求浄土《ごんぐじょうど》

これは穢土を厭《いと》い浄土を求めるという仏教用語だ。家康は19歳の時に松平家の菩提寺の大樹寺《だいじゅじ》で自殺しようとしたところ、住職からこの言葉を授かって思いを改め「戦国乱世で荒れ果てた現世を穢土から浄土に変える」という意味で、自身の旗印としたと伝わっている。

この二つの文句には、なぜ惺窩と家康が儒学に惹かれたのかという理由が凝縮しているように思う。おそらく彼らは、仏教に真摯《しんし》に向き合ってきたがゆえにその限界も感じていた。仏教ではいかに世俗から距離を置くかを重視する。現世から離れた西方浄土を重視する。戦国乱世に生きる一般民衆は、辛く過酷《かこく》な現世＝穢土を厭い、死後の世界＝西方浄土に救いを求める傾向が特に強かった。このため**一向一揆《いっこういっき》**（🔑5）が各地の戦国武将を苦しめた。家康ももちろん例外なく苦しめられた。仏教への信仰心は人々の大きな心の拠り所となる反面、依存状態になった信者が過激化する危険性を常にはらんでいたのだ。

しかし乱世が終われば戦死することも戦《いくさ》に駆り出されることもなくなり、生活は格段に安定する。人々は死後の世界よりも現世に目を向けるようになるだろう。いや、向けさせなくてはならない。

必然的に仏教、つまり宗教とはまた別の、現世をより充実させるための新しい考え方が必要になる。それは何か。当時の知識人たちが注目したのが儒学だった。

儒学は端的にいえば、理想の人間社会をつくるための学問だ。たとえば**人が常に守るべきことを集約した五常《ごじょう》＝仁《じん》（他者への愛情）・義《ぎ》（私欲にとらわれず正しいことをすること）・礼《れい》（仁を具体的行動として表現する振る舞い）・智《ち》（道理をよく心得て知識があること）・信《しん》（約束を守る）という五つの徳目《とくもく》**がある。

この**五常を五倫《ごりん》（父子の親、君臣の義、夫婦の別、長幼の序、朋友の信）とともに重視し、人々が互いに守ることで社会は秩序立ち、平和＝天下泰平が保たれ、理想の人間社会になるというのが儒学の基本的な理念**である。

つまり、儒学は現世重視の学問と言い換えることもできる。

折しも戦国乱世がまもなく終わろうとする変化の時代。惺窩は学問の中枢に身を置く立場から、家康は権力の中枢に身を置く立場から、新時代に即した新たな思想として、儒学が必要だという結論にたどり着いたのだろう。

現世＝穢土を、浄土にするために。

結局、朝鮮出兵は失敗に終わり、慶長三年（1598）に羽柴秀吉が死去。慶長五年（1600）、関ヶ原の戦いで勝利した家康は、この年にも京都で藤原惺窩から『漢書』などの講義を受けた。この時、惺窩は還俗し、深衣道服《しんいどうぶく》（中国風の服装）を着て家康の前に現れる。これは自身が僧籍から離れて儒学者として生きる決意の表れであり、それまで一部の禅僧のたしなみであった儒学を、仏教から切り離して学問として体系化するための、いわば「儒仏分離宣言」ともとれる振る舞いであった。

惺窩は中国との外交に関わる幕府の役職への就任を要請されたが、これを拒絶。生涯権力からは一定の距離を置き、京都で儒学の研究に没頭した。惺窩を祖とする儒学の学派を京学派という。その清廉な人柄を慕って彼の下《もと》には多くの優秀な門弟が集った。

そのなかには、後に家康のブレーンとして仕えることになる林羅山《はやしらざん》の姿もあった。

●150年続いた戦国時代の終結〝元和偃武《げんなえんぶ》〟

慶長八年（1603）、家康は数え62歳にしてついに江戸に幕府を開き征夷大将軍《せいいたいしょうぐん》に就任した。翌々年には息子の秀忠《ひでただ》に将軍職を譲って徳川家による将軍職世襲《せしゅう》の意思を内外に示し、自らは江戸城を出て駿河国《するがのくに》（静岡県東部から中部の地域）の駿府城《すんぷじょう》を拠点に大御所《おおごしょ》として依然権力を掌握。ついに〝王覇之弁〟によるところの、天下を統《す》べる王者となった。

……と、いうわけではなかった。家康の天下を認めない勢力があった。羽柴家である。

時間を少し巻き戻そう。羽柴秀吉が死亡した時点で跡継ぎの秀頼《ひでより》は6歳。自身が全国の大名を従えることは不可能だった。このため羽柴政権ナンバー2の家康が台頭し、羽柴政権の内部の抗争である関ヶ原の戦いに勝利したことで、家康の直轄領は国内最大の400万石となる。これは家康が実質的な天下人＝最高権力者となったことを意味しており、羽柴家恩顧の諸大名をはじめとする全国の大名も続々と家康に従い、徳川将軍家の下で新たな政治体制が創られていった。さらに家康は征夷大将軍となり、江戸に幕府も開かれた。

しかし大坂城を拠点とする羽柴秀頼（というか秀頼の母親の淀殿《よどどの》や重臣たち）は、徳川家の臣下に下ることを拒絶した。既に羽柴家は67万石の一大名に過ぎなかったが、いずれは秀頼の天下になることを望み、徳川家に対して強烈な対抗心を持ち続けていたのだ。

これは極めて危険な状態だった。関ヶ原の戦いに負け徳川家に不満を持つ浪人たちが羽柴家の下に集い、いつ反徳川の狼煙《のろし》を上げて大規模な戦が起こるかわからないからだ。徳川家に従わない大名家・羽柴家がある以上、戦の火種は残り続ける。すなわち、徳川家による政権は安定しない。戦国乱世も終わらない。

家康は羽柴家が臣従しないのなら、武力をもってこれを滅ぼす以外に道はないと考えた。ただ問題なのは、かつての主家である羽柴家を討ったとあっては、徳川家が〝王覇之弁〟でいうところの覇者となってしまう点である。

しかし**家康はこの自己矛盾の解決策を、やはり『孟子』の中に見出していた。**『羅山先生《らざんせんせい》文集《ぶんしゅう》』によると慶長十七年（1612）六月、71歳の家康は、ブレーンとして重用していた30歳の気鋭の儒学者・林羅山を呼び出してこう聞いた。

「夏《か》（古代中国の王朝）の暴君・桀王《けつおう》を、家来筋にあたる殷《いん》の湯王《とうおう》が放逐《ほうちく》し、また殷の暴君・紂王《ちゅうおう》をその家来筋にあたる周の武王が討伐して天下を掌握した。それは是《ぜ》か非《ひ》か」

これは『孟子』の以下の一説を踏まえての質問だ。


齊宣王問曰、湯放桀、武王伐紂、有諸、孟子對曰、於傳有之、曰、臣弑其君可乎、曰、賊

仁者謂之賊、賊義者謂之殘、殘賊之人謂之一夫、聞誅一夫紂矣、未聞弑君也

（『孟子』梁恵王《りょうけいおう》下より）

現代語訳は以下の通り。斉《せい》の宣王《せんおう》が質問した。「湯王が桀王を追放し、武王が紂王を討伐したのは本当にあったことか？」孟子は答えた。「本当にあったと伝えられています」。宣王は言った。「武王はもともと紂王の家臣だ。家臣が主君を殺してもよいのか？」孟子はこたえた。「仁を損なうものを賊《ぞく》、義を損なうものは残《ざん》といいます。残賊はただの男。紂というただの男が武王に殺されたとは聞いていますが、家臣が主君を殺したとは聞いていません」。

この部分は湯王と武王の故事に由来するため湯武放伐論《とうぶほうばつろん》とも呼ばれている。このように『孟子』は、**主人が〝仁〟〝義〟といった徳のない暴君である場合には、それを討って新政権を打ち立てること＝革命を是認しているのだ**。

革命は厳密には天下の支配者の姓が易《か》わるということで〝易姓《えきせい》革命〟といい、手法としては平和的な王位の移譲である〝禅譲《ぜんじょう》〟と、それがままならない時の武力による〝放伐《ほうばつ》〟があった。

家康は『孟子』の〝易姓革命〟のロジックをもってすれば、かつての主家である羽柴家を

〝放伐〟すなわち、滅ぼす行為も肯定されると考えたのだ。

家康の真意をくみ取った羅山は、前の質問にこう答えた。

「暴君であり天下の人心が離れた桀や紂は主君とは呼べず、ただの男に過ぎません。仁義をわきまえた湯王と武王はただの男を討ったに過ぎず、主君を討ったわけではありません」

つまり朝鮮出兵などによって人心が離れた羽柴家はもはや主君とは呼べないのだから、〝放伐〟は是であると、儒学者としてのお墨付きを与えたわけだ。

この問答の2年後、慶長十九年（1614）大坂冬の陣、翌年の大坂夏の陣において家康率いる幕府軍は大坂城を攻め落とし、秀頼《ひでより》は自害。羽柴家は滅亡した。

同じ年の七月、年号が慶長から元和《げんな》に変わった。これは家康の意向によるものだ。**元和は唐の中興の祖である憲宗《けんそう》皇帝の時の年号で、文字どおり平和を元《はじめ》るという意味**である。

こうして大坂夏の陣以降、大名間の争いはついに絶え、応仁の乱以来150年続いた戦国乱世は終わりを告げた。このことを後世の儒学者は〝元和**偃武**《げんなえんぶ》（🔑6）〟と呼んで言祝《ことほ》いだ。

〝元和偃武〟を見届けた家康はその使命を果たしたかのように力尽き、元和二年（1616）四月十七日に亡くなった。75歳の大往生だった。

◆家康と徳治　キーワード

※14ページからの文中の🔑と対応しています

(🔑1)太原崇孚《たいげんそうふ》

号は雪斎《せっさい》。武士の家に生まれるも幼くして出家し、その教養をもって今川義元に仕えて軍師となり、印刷事業も手掛け漢籍《かんせき》（漢文で書かれた書籍）を出版した。家康にも漢籍を用いて兵法《へいほう》を伝授したと伝わる。

(🔑2)本多忠勝《ほんだただかつ》

酒井忠次《さかいただつぐ》、榊原康政《さかきばらやすまさ》、井伊直政《いいなおまさ》とともに徳川四天王に数えられる、家康が最も信頼した家臣の一人。参加した合戦は57回に及ぶも、いずれの戦いでもかすり傷一つ負わなかったと伝わる猛将《もうしょう》。

(🔑3)北極星《ほっきょくせい》

真北を示す星。北辰《ほくしん》とも呼ばれ、天空の星座が北極星を中心に回転することから、古代中国では宇宙全体の神であると考えられていた。家康が死後祀られた日光東照宮《にっこうとうしょうぐう》は江戸のほぼ真北にあり、陽明門《ようめいもん》の真後ろに北極星が現れるように設計されている。

(4)朝鮮《ちょうせん》出兵《しゅっぺい》
羽柴秀吉《はしばひでよし》による朝鮮半島への侵略戦争。文禄《ぶんろく》元年（1592）から慶長《けいちょう》三年（1598）の二度にわたって行われたため、文禄・慶長の役《えき》とも呼ばれる。

(5)一向一揆《いっこういっき》
室町中期から戦国時代にかけて、一向宗《いっこうしゅう》（浄土真宗本願寺派《じょうどしんしゅうほんがんじは》）の僧侶や農民、商工業者、武士などの門徒が中心となっておこした武装蜂起《ぶそうほうき》。東西分派以前の真宗本願寺派《しんしゅうほんがんじは》信者の教団組織が参加。

(6)偃武《えんぶ》
武器を偃《ふ》せる、つまり泰平の世になることを表す言葉。儒教の経典『書経《しょきょう》』に由来する。

当代儒学動向

曲学阿世!? 〜徳川将軍家のブレーン林羅山

林羅山は京都の町人の子として生まれました。幼いころから一度見聞きしたことは絶対に忘れないという抜群の記憶力の持ち主で、巷《ちまた》で「神童」「奇才」と話題になります。

学問のために入門した京都五山の建仁寺《けんにんじ》からは「ぜひ、禅僧になってほしい」とスカウトを受けますが「出家して父母と縁を切るなんて親不孝はできない!」と言ってこれを拒否。実家に戻り読書に没頭しました。やがて中国からもたらされる優れた書物の根底には儒学思想があることに気が付き、儒学に傾倒してゆきます。

慶長八年(1603)、21歳の若さで京都にて儒学の公開講義を行い、世間に名が広まりました。これはちょうど、徳川家康が江戸に幕府を開いた年です。

そして翌年には、既に儒学者としてその名をとどろかせていた**藤原惺窩**に手紙を出して、子弟の契りを結びました。この時、惺窩は羅山に次のように語りかけたといいます。「貴方《あなた》はなぜ学問を志すのですか? もし自分が有名になりたいとか、出世したいという理由ならば学問をしないほうがいいですよ」

惺窩は、子どものころから「神童」「奇才」ともてはやされて育った羅山の自尊心の高さと強すぎる上昇志向を、見抜いていたのです。まだ若く将来有望な羅山に、儒学を私欲ではなく公のために、正しく使ってほしいと願ったからこその忠告だったのでしょう。

惺窩は誰よりも羅山の才能を認めていました。その証拠に、子弟の契《ちぎ》りを結んだ翌年には、徳川家康との面会の場をセッティングします。

家康は羅山を大層気に入りブレーンとして登用。ただし条件として剃髪《ていはつ》を求めました。幕府が儒学者を召し抱えた前例がないので、博学をもって幕府に仕える金地院崇伝《こんちいんすうでん》や南光坊天海《なんこうぼうてんかい》など、他のブレーンたち同様、僧侶の身分になることを強いたのです。

出家は親不孝になるからと建仁寺のスカウトを拒否した経験もある、信念の男・羅山。さすがにこれは受け入れられなかった……かと思いきや、あっさり出家して剃髪。僧侶名・道春《どうしゅん》を名乗って家康に仕えることにします。

『徳川実紀』によると、家康は為政者として常に聖賢《せいけん》の道、つまり儒学で理想とされる〝徳治〟の王者を手本としていました。また儒学を自ら学ぶのはもちろんですが、出版事業によって広く世に啓蒙《けいもう》しようとしていました。

羅山にとって家康は、儒学者として仕官するにはこれ以上望むことができない、理想の主君だったのです。羅山は信念を曲げてでも家康の側に侍《はべ》り、儒学隆盛の礎になることを選びました。

慶長十七年（１６１２）には湯武放伐論をもとに家康が羽柴秀頼を討つお墨付きを与え（P27）、大坂冬の陣のきっかけとなった慶長十九年（１６１４）の方広寺《ほうこうじ》鐘銘《しょうめい》事件《じけん》の際にも重要な役割を果たします。

羽柴秀頼が再建した方広寺の鐘に刻まれた銘文《めいぶん》のうち〝国家安康〟が不吉であるとして家康のブレーンサイドが問題視。これについて諮問《しもん》を受けた羅山は「〝国家安康〟は家康の名が盛り込まれているだけでも無礼であるのに、家と康の間に安を入れるとはまるで切腹のような状態で不吉です！　さらに〝君臣豊楽〟とその後に続く〝子孫殷昌《いんしょう》〟を、豊臣を君として子孫の殷昌を楽しむと読めることから、豊臣の繁栄を願い、徳川を呪詛《じゅそ》しようとする下心が隠されています！」という勘文《かんぶん》（諮問《しもん》に応える上申書）を示したのです。

文章を素直に読めばそのような意味にはならないのですが、羅山はあえて曲解。豊臣家を滅ぼしたいという家康の意向に沿うよう、忖度《そんたく》して回答したというわけですね。

このような振る舞いから後世では羅山を「曲学阿世《きょくがくあせい》」と誹《そし》る向きもあります。しかし状況から考えると、羅山には日本でやっと芽吹き始めた儒学の芽を家康の庇護《ひご》の下で花開かせるんだという強い使命感があったのではないでしょうか。

家康はこの時73歳。羅山は32歳。祖父と孫ほど年の離れた自分に信を置く家康の思いに報いたいという気持ちもあったでしょう。大坂の陣で、羅山が自ら甲冑《かっちゅう》を着込み家康に従軍したというエピソードからもその思いの強さがうかがえます。

こうして家康から絶大な信頼を得た羅山は、家康の死後も二代秀忠、三代家光、四代家綱に侍講《じこう》（学問の先生）として仕えて生涯を終えました。彼の子孫・林家《りんけ》は代々幕府に仕え、江戸時代を通じて儒学界の重鎮として君臨することになります。

儒学こぼればなし

林羅山の㊙功績

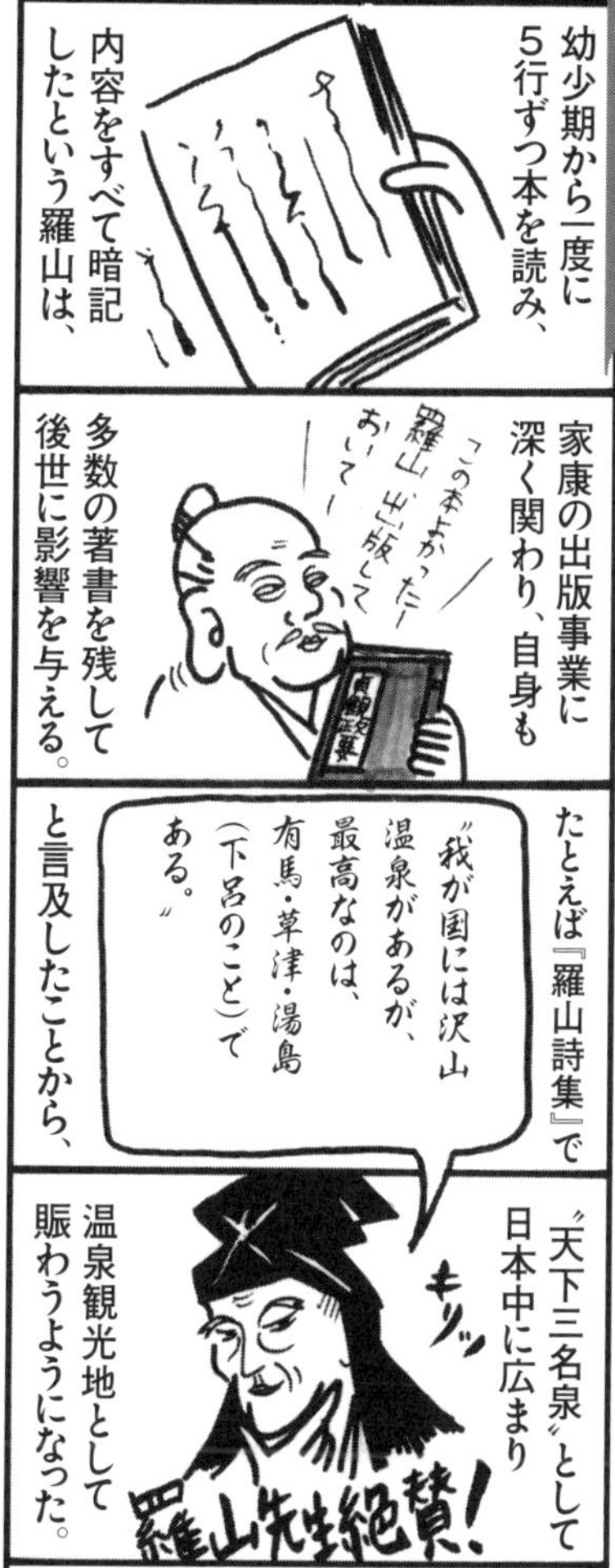

幼少期から一度に5行ずつ本を読み、
内容をすべて暗記したという羅山は、
家康の出版事業に深く関わり、自身も
多数の著書を残して後世に影響を与える。
この本よかったー！羅山、出版しておいてー
たとえば『羅山詩集』で
“我が国には沢山温泉があるが、最高なのは、有馬・草津・湯島（下呂のこと）である。”
と言及したことから、
“天下三名泉”として日本中に広まり
温泉観光地として賑わうようになった。
キリッ
羅山先生絶賛！

観光地PRのパイオニア!?

二代　秀忠《ひでただ》と守成《しゅせい》

◆治世を象徴する儒学の教え――出典／『貞観政要《じょうがんせいよう》』巻一　君道《くんどう》第一（創業と守成）

【原文】

太宗謂侍臣曰、帝王之業、草創与守成孰難。尚書左僕射房玄齢對曰、天地草昧、群雄競起。攻破乃降、戰勝乃尅。由此言之、草創爲難。魏徴對曰、帝王之起、必承衰亂、覆彼昏狡、百姓樂推、四海歸命。天授人與。乃不爲難。然既得之後、志趣驕逸。百姓欲靜、而徭役不休、百姓凋殘、而侈務不息。國之衰弊、恒由此起。以斯而言、守成則難。太宗曰、玄齡昔従我定天下、備嘗艱苦、出万死而遇一生。所以見草創之難也。魏徴与我安天下、慮生驕逸之端必践棄危亡之地。所以見守成之難也。今、草則之難既已往矣。守成之難者、当思与公等慎之。

【読み下し文】

太宗《たいそう》、侍臣《じしん》に謂《い》いて曰《いわ》く、「帝王《ていおう》の業《ぎょう》、草創《そうそう》と守政《しゅせい》と、孰《いず》れか難《かた》き」。尚書《しょうしょ》左《さ》僕射《ぼくや》房玄齢《ぼうげんれいこ》対《た》えて曰《いわ》く、「天地《てんち》草昧《そうまい》にして群雄《ぐんゆう》競《きそ》い起《お》こる。攻《せ》め破《やぶ》りて乃《すなわ》ち降《くだ》し戦《たたか》い勝《か》ちて乃《すなわ》ち剋《か》つ。此《これ》に由《よ》りてこれを言《い》えば草創《そうそう》を難《かた》しとなす」。魏徴《ぎちょう》対《こた》へて曰《いわ》く、「帝王《ていおう》の起《おこ》るや、必《かなら》ず衰《すい》乱《らん》を承《う》け、彼《か》の昏狡《こんこう》を覆《くつがえ》し、百姓《ひゃくしょう》、推《お》すを楽《たの》しみ、四海《しかい》、命《いのち》に帰《き》す。天授《てんさず》け人与《ひとあた》ふ、乃《すなわ》ち難《かた》しと為《な》さず。然《しか》れども既《すで》に得《え》たるの後《のち》は、志趣《ししゅ》驕逸《きょういつ》す。百姓《ひゃくしょう》は静《せい》を欲《ほっ》すれども、徭役《ようえき》休《やす》まず。百姓《ひゃくしょう》凋残《ちょうざん》すれども、侈務《しむ》息《やす》まず。国《くに》の衰弊《すいへい》は、恒《つね》に此《これ》に由《よ》りて起《おこ》る。斯《これ》をもって言《い》へば、守成《しゅせい》は則《すなわ》ち難《かた》し」。太宗《たいそう》曰《いわ》く、「玄齢《げんれい》は、昔《むかし》、我《われ》に従《したが》って天下《てんか》を定《さだ》め、備《つぶさ》に艱苦《かんく》を嘗《な》め、万死《ばんし》を出《い》でて一生《いっしょう》に遇《あ》へり。草創《そうそう》の難《かた》きを見《み》る所以《ゆえん》なり。魏徴《ぎちょう》は、我《われ》と与《とも》に天下《てんか》を安《やす》んじ、驕逸《きょういつ》の端《たん》を生《しょう》ぜば、必《かなら》ず危亡《きぼう》の地《ち》を践《ふ》まんことを慮《おもんぱか》る。守成《しゅせい》の難《かた》きを見《み》る所以《ゆえん》なり。今《いま》、草創《そうそう》の難《かた》きは、既《すで》に往《ゆ》けり。守成《しゅせい》の難《かた》きは、当《まさ》に公等《こうら》と之《これ》を慎《つつし》まんことを思《おも》ふべし」

【現代語訳】

太宗は側近の者に尋ねた。

「帝王の事業の中で、創業と守成は、どちらが難しいだろう」

宰相《さいしょう》の房玄齢《ぼうげんれい》は答えた。

「創業の時は天下は乱れ、群雄《ぐんゆう》が割拠《かっきょ》しております。その中で勝ち抜かなければなりません。よって創業のほうが困難といえます」

家臣の魏徴《ぎちょう》は反論した。

「帝王が新たな国造りをする時は必ず前の時代の衰退があります。悪人を取り締まり秩序を回復するから、民衆は喜んで新しい帝王の命令に従います。帝王の地位は天から授かり人々が与えるものですから、創業は困難なものとは思えません。しかし、一度天下を手に入れると気持ちが緩《ゆる》み、欲を抑えることができなくなります。人々は穏やかな生活を望んでも労働に駆りだされ食うや食わずの生活になっても、帝王の贅沢三昧は終わりません。国の衰退を招くのは常にこれが原因です。よって守成のほうが難しいと考えます」

太宗はおっしゃった。

「房玄齢は昔、私に従って各地で戦い天下の騒乱を収め、九死に一生を得て今に至り、創業の難しさを知っている。新たに家臣となった魏徴は私と国の体制を整えてきたから、ここで気が緩めば国は存亡の道を進むと心配し、守成の難しさを実感している。既に創業の困難は過去のものとなった。これからは守成の困難をそなたたちと乗り越えてゆきたい」

【超要約】

創業は困難だが、創業した事業を守る守成はより困難。

●泥人形のようと言われた二代目

（鍵アイコン）の解説はP41をご覧ください

江戸時代中期に成立した戦国武将の逸話集『常山紀談《じょうざんきだん》』によると、**秀忠は人々から泥塑《でいそ》人《じん》、つまり泥人形《どろにんぎょう》のようだと評されていた**という。

これだけ聞くと「偉大な創業者・家康の跡を継いだ秀忠は泥人形のように愚鈍《ぐどん》で凡庸《ぼんよう》な二代目だったのだろうな……」という印象を持つ人が多いと思う。

しかし儒学的な文脈を踏まえると受け止め方が変わってくる。中国の儒学者・**朱熹《しゅき》**（鍵アイコン1）が記した朱子学の入門書『近思録《きんしろく》』にこんな一節があるからだ。

明道先生坐如泥塑人、接人則渾是一団和気

（『近思録』巻之十四より）

明道《めいどう》先生（北宋《ほくそう》時代の高名な儒学者・程顥《ていこう》）が一人で座っている時は泥塑人＝泥人形のように静かだが、人と接すればたちまち和らいだ空気がにじみ出して周囲に満ちた、という意味だ。つまり、多くの人に慕われる徳の高い人物が普段は物静かであることを、泥塑人＝

泥人形とたとえ、むしろ誉め言葉として使っているのである。『常山紀談』の著者の湯浅《ゆあさ》常山《じょうざん》は儒学者であるから、当然この先例を知っている。だからこそ、秀忠を貶《おとし》める意図はなく、むしろ高名な儒学者を思わせる人格者として、泥塑人＝泥人形という評判を記録したのだと考えられよう。「秀忠は儒学で理想とされる人格者だった」のだ。

秀忠といえば、天下分け目の関ヶ原の合戦に遅刻したエピソードが有名である。『徳川実紀』によると、秀忠は当時、家康から3万8千もの兵を与えられて進軍していたが、大雨が降り、途中の上田城で真田昌幸《さなだまさゆき》・信繁《のぶしげ》親子に足止めされた結果、現地に着いたのは決戦終了の3日後。家康は激怒して秀忠の面会を許さなかった。

後日、家康が「関ヶ原の合戦を経て、自分の息子たちの中で徳川家の家督《かとく》を継ぐのにふさわしいのは誰かを改めて家臣に問うたところ、武勇に優れた秀忠の兄・秀康《ひでやす》や、弟の忠吉《ただよし》を推す声が上がった。

しかし、秀忠付きの家老である大久保忠隣《おおくぼただちか》は「乱世であれば武勇に優れた人が適任であるが、これから先、天下が治まれば文徳《ぶんとく》（学問で人々を導く徳）がある人でなければそれを維持してゆくことはできない。中納言（秀忠のこと）は常に控えめで孝行心が強く、文徳と智勇《ちゆう》を兼ね備えている。どうして守文《しゅぶん》（守成のこと）の主にしないのか」と意見した。これを聞いた家康は納得し、秀忠に家督を継がせる決心を固めたという。

●天下泰平を象徴するモチーフ〝諫鼓鶏《かんこどり》〟

家康は藤原惺窩から**『貞観政要』**(🔑2)の講義を受けた。それだけでなく、関ヶ原の合戦の7ヵ月前に出版までしている。天下分け目の戦いに勝利することを見据え、自身が目指す理想の治世＝〝貞観の治〟のような天下泰平のイメージを広く共有しようとしたのだろう。そして家康はおそらく、自身が〝創業〟の時代の人であることを自覚していた。関ヶ原の合戦の時点で59歳、幕府を開いたのは62歳の時である。創業の後にやってくる〝守成〟の時代を託せるのは誰か？　真剣に模索したはずだ。

その最適解が息子の秀忠であったことは家康の人生最大の幸運だったといえるかもしれない。**唐の太宗が二代目であったように、創業者が興した事業が長期にわたって安定的に世に定着するか否かは、二代目で決まるといっても過言ではない**から。

秀忠は実際に守成において驚くべき適性を発揮した。家康の生前は父の顔を立て自己主張しなかったが、家康亡き後は転封《てんぽう》や改易《かいえき》による大名統制や朝廷工作を強力に推し進め、幕府の基盤を盤石にしていった。その手腕は「強き御政務《ごせいむ》」と評されるほどであった。

しかし、決して独りよがりのワンマン経営にはならなかった。なぜなら**家臣の諫言《かんげん》を重**

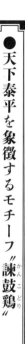

んじたからである。儒学では家臣の主君への諫言は何よりの忠義として奨励されている。

人欲自見其形、必資明鏡、君欲自知其過、必待忠臣。苟其君愎諫自賢、其臣阿諛順旨、君既失國

(『貞観政要』巻二　求諫《ぐかん》第四より)

人が自分の姿を見るのに鏡を必要とするように、主君が自分の過ちを知ろうとするならそれを述べる忠臣が必要だ。主君が自分を賢いと思って諫《いさ》めを聞かず、家臣がこびへつらって従うようでは、国は亡びる。要するに「諫言を重視せよ」ということである。

秀忠もこれに倣《なら》って諫言重視の姿勢を踏襲した。そのことが表れているのが山王祭《さんのうまつり》と神《かん》田祭《だまつり》の山車《だし》の〝諫鼓鶏《かんこどり》〟だ。古代中国で理想とされる王は「諫言があれば太鼓で知らせよ」と城門の外に諫言のための太鼓＝諫鼓《かんこ》を設置した。しかし王の政治は立派だったため天下泰平となり、打たれることのない諫鼓の上には鶏《とり》が乗って遊んだ、という故事がある。

秀忠は、江戸城に山車が入ることが許された山王祭と神田祭で曳かれる山車の、一番先頭をこの〝諫鼓鶏〟にするよう命じた。これは「徳川将軍家は天下泰平を第一に考え、そのために諫言を重視している」というメッセージに他ならない。このように徳川将軍家では、代々諫言を非常に重視。家臣らも時に命がけで諫言することが家風となっていった。

※34ページからの文中の🔑と対応しています

◆秀忠と守成　キーワード

(🔑1)朱熹《しゅき》

尊称は朱子《しゅし》。中国南宋の思想家で、儒学を中興した。朱子学の創始者。

(🔑2)『貞観政要《じょうがんせいよう》』

唐の二代皇帝・太宗《たいそう》(李世民《りせいみん》)の言行録。太宗は儒学的道徳を重んじて政治を行った中国史上最高の名君とされる人物で、その治世は元号が貞観であったことから〝貞観の治〟と讃《たた》えられる泰平の世であった。『貞観政要』には太宗がいかにして平和な時代を作り得たのか、その政治の要点が太宗と家臣との問答の形でつづられている。

当代儒学動向

超要約！～What's朱子学、陽明学

儒学は紀元前500年ごろの中国の孔子や孟子の教えが核となっていますが、長い時間を経て経書のテキスト解釈に重きが置かれるようになり、学問としては停滞しました。これが宋代《そうだい》（960～1279）に入ると、自身の心と向き合う禅宗など仏教の影響を受け、孔子や孟子が真に意図していたことは何だったのか？　根本精神に立ち返り、儒学を人間と世界の本質を理解するための哲学として再編成する動きが活発になります。

こうして生まれた新儒学（宋学《そうがく》とも）の思想を、体系化し集大成したのが**朱熹**という学者。朱熹が完成させた新しい儒学は、朱子学と呼ばれるようになります。

朱子学は緻密《ちみつ》な理論形態を持ちますが、その根本となる哲学は理気二元論《りきにげんろん》です。ものすごくざっくり言うと、天と地の間に存在するすべての物ごとは、万物の在り方を規定する〝理〟と物質を形成する素材である〝気〟で構成されている、という考え方です。

人間も〝理〟と〝気〟からなり、〝理〟は人間の心に宿ると〝性〟（人間性）になるとされました。人間本来の〝性〟は善ですが、〝気〟（気質や〝情〟）の影響で悪にもなります。

儒学が目指す〝聖人〟とは〝性〟が透明な人のことで、凡人は〝性〟が不透明な人。これを透明にすれば、誰もが〝聖人〟になれるはずだから、そのために学問を修め、精神を磨き、人格を高めるように励むべし！　という考え方なんですね。ちなみに〝聖人〟というのは狭義《きょうぎ》には民衆の上に立つ人で、朱子学を学ぶ対象として想定されていたのは為政者《いせいしゃ》などの支配者層でした。支配者層が〝聖人〟となることで、よりよい社会が実現するというロジックです。

やがて明代《みんだい》（1368〜1644）になると朱子学は科挙（中国の高級国家公務員の認定試験）に取り入れられるようになりました。これにより政治的権威の裏付けができた反面、哲学思想としてより高みを目指すような活発な議論は行われなくなり、朱子学の理想は形骸化《けいがいか》していきます。

そうしたなかで反朱子学の潮流が生まれ、その理論は**王陽明**《おうようめい》という学者によって完成しました。これが陽明学です。

朱子学と陽明学の大きな違いの一つが〝性即理《せいそくり》〟か〝心即理《しんそくり》〟かということ。朱子学は〝理〟をあらゆるものに内在してそのものを成り立たせる根拠や規範とします。一方、陽明学は〝理〟を人間の心のうちに見いだし、主体的な心こそが〝理〟を生みだすとしました。そして朱子学の〝性即理〟は心を〝性〟と〝情〟に分けて〝性〟＝〝理〟と理解しますが、陽明学の〝心即理〟は、心は一つであり心そのものを〟理〟とします。

つまり陽明学は個人の心の主体性、内面重視の学問なのです。このため別名・心学《しんがく》とも言います。また〝致良知《ちりょうち》(人に生まれながらに備わる心=良知を最大限に発揮させること)〟や〝知行合一《ちこうごういつ》(知識と行為は一体であるべき)〟といった実践重視の傾向もありました。陽明学は朱子学の否定から生まれ、体制批判に通じるため、中国ではあまり普及しませんでした。

この朱子学と陽明学が、日本に本格的にもたらされたのが戦国時代です。豊臣秀吉の朝鮮出兵で、おびただしい数の儒学の書籍が日本に持ち込まれたことが、学問として普及する契機となりました。

日本儒学の祖ともいえる**藤原惺窩**は、朱子学を基軸にしつつ陽明学も許容する包容力を持っていました。しかし彼の高弟である**林羅山**は、朱子学の熱烈な信奉者であり、陽明学を否定。林羅山を祖とする林家が徳川将軍家に仕えたこともあり、幕府では朱子学が正当とされ、これに倣う藩も多くなりました。

また日本の朱子学者の間では、儒学の〝大義《たいぎ》(国や君主への忠義、親への孝行など人として守るべき道義)〟や、〝名分《めいぶん》(名称は物の階級や秩序を表すもの、名称と分限を一致させるべき)〟といった思想が重視され、幕府や藩の統治の正当性を補強するようになります。

一方陽明学も日本で独自の発展を遂げることになります。その発端となるのは、**中江藤《なかえとう》**

樹《じゅ》という人。近江国《おうみのくに》（滋賀県）出身で、朱子学を修めて伊予国《いよのくに》（愛媛県）大洲藩《おおずはん》に仕えますが、後に母への孝行をするために脱藩して地元に戻り、私塾を開きました。そして37歳の時に『陽明全集』を読んで感激し、陽明学に傾倒。人々を感化していきます。死後もその功績を讃《たた》える声は止まず、「近江聖人《おうみせいじん》」と呼ばれるようになりました。

こうして、中国を離れた朱子学と陽明学は、日本で独自発達をし始めます。

儒学こぼればなし

中江藤樹の伝説

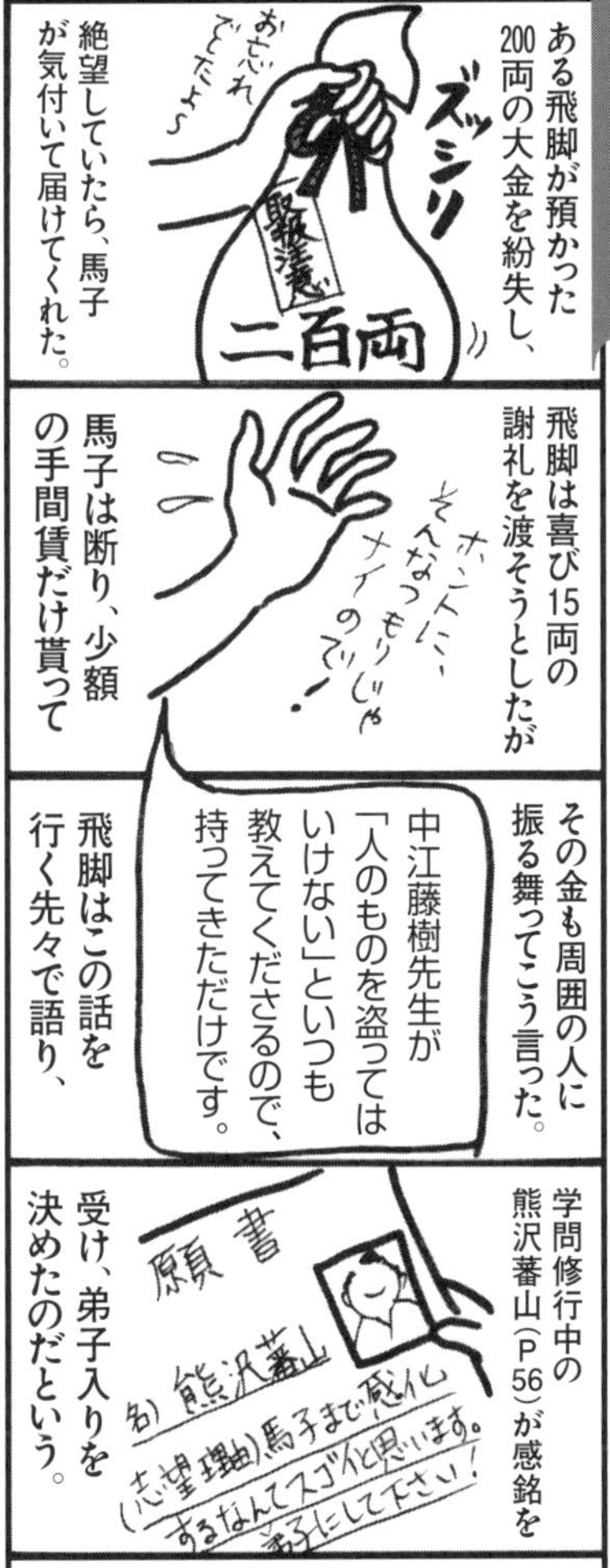
ある飛脚が預かった200両の大金を紛失し、
ズッシリ
二百両
お忘れでしたよ
絶望していたら、馬子が気付いて届けてくれた。
飛脚は喜び15両の謝礼を渡そうとしたが
ホントに、そんなつもりじゃナイので！
馬子は断り、少額の手間賃だけ貰って
その金も周囲の人に振る舞ってこう言った。
中江藤樹先生が「人のものを盗ってはいけない」といつも教えてくださるので、持ってきただけです。
飛脚はこの話を行く先々で語り、
学問修行中の熊沢蕃山（P56）が感銘を
願書
名）熊沢蕃山
（志望理由）馬子まで感化するなんてスゴイと思います。弟子にして下さい！
受け、弟子入りを決めたのだという。

受け継がれる「近江聖人」スピリット

三代 家光《いえみつ》と観光《かんこう》

◆治世を象徴する儒学の教え――――出典／『易経《えききょう》』六四《りくし》　象伝《しょうでん》（観国之光《くにのひかりをしめす》）

【原文】

観国之光　利用賓于王

【読み下し文】

国《くに》の光《ひかり》を観《み》る　もって王《おう》に賓《ひん》たるに利《よろ》し

【現代語訳】

その国の文化、産物《さんぶつ》、風俗《ふうぞく》などの光り輝く部分は、すなわちその国の王の〝徳〟の輝きである。よく観て、より優れた国の王に仕えて重用されるのがよい。

【超要約】

観光とは、その国の光を観ること。

●「生まれながらの将軍」ではなかった

🔑の解説はP53をご覧ください

家光といえば「余《よ》は生まれながらの将軍である」と言い放ったという伝説が有名だが、実際には生まれながらにして将軍の座が約束されていたわけではない。

家光が生まれたのは慶長九年（1604）のこと。この時既に家康は江戸に幕府を開き、初代将軍として天下に君臨する存在だった。翌年には将軍職は家光の父である秀忠に譲られた。このため秀忠の嫡男《ちゃくなん》たる**家光には生まれた瞬間から将来の三代将軍の座が約束されていたと思われがちだが、そう簡単な話ではなかった**のだ。

というのも、当時はまだ嫡男（正室の長男）による家督相続が絶対のルールではなかったからだ。一応、嫡男優先という暗黙の了解はあったが、素行《そこう》不良や健康不安などを理由に兄弟や叔父《おじ》・甥《おい》から跡継ぎが選ばれることも多かった。

要は家督《かとく》相続の候補者が複数いる状態であり、そのせいで親族間の血みどろの家督争いが絶えず、戦国乱世が長く続く原因の一つになっていた。

そしてこの当時の徳川家においても、三代将軍の座を巡って家督争いが勃発しようとしていた。

幼少期の家光は病弱で血色が悪く、魯鈍《ろどん》で吃音《きつおん》があり他人との会話が苦手で内向的な性格だった。

これに対して家光の弟の**忠長**《ただなが》（🔑1）は色白の美少年なうえに、利発で人懐っこい性格だった。このため二人の母のお江《ごう》は弟の忠長を偏愛した。こうなると家臣たちの間にも、三代将軍は兄の家光ではなく、弟の忠長になるのではないか？　という噂が立ち、家中が家光派と忠長派に割れ、水面下で次期将軍の座を巡って、熾烈な権力闘争が始まったのである。

これを受けて家康は、慶長十七年（１６１２）に次のような内容の書状をお江宛に送った。

「嫡男の地位は別格である。次男は家臣同様に扱え。このことを絶対守るように。嫡男より次男の力が強くなれば、家の乱れのもとになる」

つまり、三代将軍には嫡男の家光が就くべきという見解を示したのだ。この一件を経て初めて、徳川将軍家が家督相続において〝長幼《ちょうよう》の序《じょ》〟を絶対視する方針が決まった。そして他の大名家もこれに従うことで、家督争いは劇的に減少した。

〝長幼の序〟について詳しくは九代・家重《いえしげ》の項目（Ｐ１３７）でも触れるが、儒学における徳目《とくもく》〝五倫《ごりん》〟の一つで、年長者と年少者の間で重視すべき秩序のことだ。この家督相続の一件からも、儒学思想が、家光の人生に大きな影響を与えたことがわかる。

祖父の家康のいわば鶴の一声で、家光がゆくゆくは三代将軍になるということは決まった。しかし、弟・忠長に対するコンプレックスは消えず、母親のお江との確執《かくしつ》はますます深まっていった。

このことから自殺未遂騒動を起こすなど、精神的にかなり不安定になる。人に対する好き嫌いも激しく、将軍になってからの家光は、自分がお気に入りの人間以外は周囲から排除していった。

そのようななかで、家光の信頼を勝ち得たのが儒学者の林羅山である。羅山は家光の**御**《お》**伽衆**《とぎしゅう》(2)として毎日江戸城に登城した。『徳川実紀』によると羅山は家光が子どものころから側に侍《はべ》っていた。最初のころは、家光は話を聞いているだけだったという。しかし次第に自分から質問をするようになっていき、羅山から古今の戦争と平和の歴史を聞き、仁政と悪政、人臣の功績などについても学んでいった。

家光は将軍になってからも羅山から『論語』や『貞観政要』の講義を受け、鷹狩にも同行させたというから、かなりのお気に入りだったのだろう。羅山を法印《ほういん》という僧侶の最高位に叙《じょ》していることからも、その寵愛《ちょうあい》の程がうかがえる。

最も、法印はあくまで僧侶の最高位であるから、儒学者を標榜《ひょうぼう》する羅山にとっては不本意だったかもしれない。しかし、そこは家康に命じられて、即、剃髪をした男。名を捨てて実を取り、法印の地位を甘んじて受け入れて幕府の中枢に食い込んでいった。

幕府による大名統制の基本法である**武家諸法度**《ぶけしょはっと》（🔑3）は、秀忠の発した「元和令」に続き、家光も「寛永《かんえい》令」を発した。この文章の起草《きそう》から諸大名の前での読み上げに至るまで、一貫して担当したのが羅山である。このことも、彼の政治的立ち位置が確立したことを表している。

寛永七年（1630）には幕府から羅山に上野台地の忍ヶ岡《しのぶがおか》の地が下賜《かし》され、儒学の学校を開くことが許可された。林家の私的な家塾《かじゅく》という位置づけではあるが、幕府のお墨付きを得て儒学の学びの拠点が誕生したことの意味は大きい。

さらに同所には、儒学に熱心な尾張藩主・徳川義直《よしなお》（家康の九男で家光の叔父）の援助によって孔子をまつる先聖堂（後の聖堂）も造られた。

家光の治世において、儒学のステータスは着実に向上したのである。

●江戸で最初の〝観光〟政策

このようななかで羅山は、家塾や聖堂がある上野台地を江戸の〝観光〟の拠点にしようと考えたようだ。〝観光〟とは、冒頭で紹介した『易経』の観国之光＝国の光を観る、というフレーズを略した成句《せいく》（慣用句）と考えられている。

国の文化や民の暮らしぶりには為政者の力が反映し、仁政が行われているなら文化が花開き、民の暮らしは豊かで光り輝く。すなわち、その国の威光を観るというのが〝観光〟のもともとの意味だ。

実は**三代将軍・家光の代に行われた都市設計で特徴的なのは、江戸で初めての〝観光〟地ができたこと**なのである。

江戸は家康が入府《にゅうふ》して始めて開発が始まった新興都市で、当時の江戸には、地方からやって来た人や外国から来た使節などに対して、国の光を示せるような〝観光〟できる場所がまだ無かった。徳川将軍家の威光を感じさせる〝観光〟地を作ることは急務だった。

そこで選ばれたのが上野台地だ。この地は江戸城から見ると東北に位置し、**鬼門**（🔑4）にあたる。鬼門守護のため、寛永二年（１６２５）には、徳川将軍家から厚い帰依《きえ》を受けた天台宗《てんだいしゅう》の僧侶・南光坊天海によって寛永寺《かんえいじ》が創立した。

寛永寺は天台宗の関東総本山。東の比叡山《ひえいざん》という意味で東叡山《とうえいざん》の山号《さんごう》を戴き、約30万坪におよぶ広大な境内は「見立て」の手法で設計され、京都の清水寺《きよみずでら》を模した清水堂、琵琶湖《びわこ》を模した不忍《しのばず》の池などが整備されてゆき、さらに奈良の吉野山《よしのやま》に倣《なら》って桜が植樹された。三代将軍・家光も、寛永寺を訪れて本坊《ほんぼう》に桜を植樹したという。

こうしたなかで、同じ上野台地の忍ヶ丘に羅山が家塾を作ることになったのだ。天海による寛永寺の大胆な境内整備は、江戸に〝観光〟地を作るという意味で大変理にかなっていたから、羅山はこれに共鳴したのだろう。自身の家塾を〝桜峯塾《おうぼうじゅく》〟と名付けて敷地内に数百種類の桜を植樹。上野台地で最も多くの桜が咲き乱れるエリアとなった。

こうして寛永年間中に上野台地は桜の名所となり、春になるとたくさんの花見客で賑わう江戸で最初の〝観光〟地となった。時代が移ろった今も、上野台地は花見の名所として国内外の〝観光〟客を愉《たの》しませている。

◆家光と観光　キーワード

※46ページからの文中の🔑と対応しています

🔑1)忠長《ただなが》

徳川忠長。通称は駿河大納言。家光の弟。家光との熾烈な将軍後継争いに敗れ、改易後に自殺した（享年28）。

🔑2)御伽　衆《おとぎしゅう》

将軍や大名の側に侍って、書物の講釈や雑談の相手をする役。古くは室町時代に端を発し、現代の講談や落語の始まりともいわれている。

🔑3)武家諸法度《ぶけしょはっと》

幕府による大名統制の基本法。秀忠が発布したのが最初で、以降八代将軍・吉宗《よしむね》まで代替わりごとに修正が加えられた。年号をとって秀忠は［元和令］、家光は［寛永令］、家《いえ》綱《つな》は［寛文令《かんぶんれい》］、綱吉《つなよし》は［天和令《てんなれい》］などと区別される。

🔑4)鬼門《きもん》

陰陽道で、邪気が出入りする方角のこと。

儒学大好き三名君〜保科正之・徳川光圀・池田光政

江戸時代初期、儒学は徳川将軍家の親戚筋に広まっていきました。特に**保科正之**《ほしなまさゆき》、**徳川**《とくがわ》**光圀**《みつくに》、**池田光政**《いけだみつまさ》は儒学を重んじて〝仁政〟を敷いたため「三名君」と讃えられています。

保科正之は二代将軍・徳川秀忠と側室の間に生まれた子どもですが、秀忠は正室のお江に気を使って正之を認知しませんでした。このため高遠《たかとお》（長野県）藩主の保科正光《ほしなまさみつ》の養子となって成長します。保科家の菩提寺《ぼだいじ》・建福寺《けんぷくじ》の僧侶・鉄舟《てっしゅう》（臨済宗）に朱子学を学ぶとたちまちのめり込み、異母兄である三代将軍・家光の引き立てで会津《あいづ》（福島県）藩主になった時も鉄舟和尚を呼び寄せて、会津に新たな建福寺を建てるほどでした。ね……熱烈！。

父に疎《うと》んじられた自分を見つけてくれた兄・家光を慕《した》う思いには一方《ひとかた》ならぬものがあり、家光もまた不憫《ふびん》な異母弟を大層慈《いつく》しみました。兄弟の絆《きずな》は厚く、家光は臨終の際にまだ幼い嫡男・家綱《いえつな》を正之が後見するよう遺言します。正之はこれを重く受け止め、四代将軍・家綱を全身全霊《ぜんしんぜんれい》をかけて輔弼《ほひつ》し、実質的な幕府政治の最高責任者となりました。

正之は、さらなる朱子学の研鑽《けんさん》のため、江戸に**山崎闇斎**《やまざきあんさい》を招聘《しょうへい》します。闇斎は厳格な上下関係や〝大義《たいぎ》〟〝名分《めいぶん》〟をとりわけ重視する独自の朱子学解釈を行い、崎門学《きもんがく》という流派を創始したユニークな儒学者です。正之はこの山崎闇斎の助言を得て会津藩が将来にわたって守るべき『会津家訓十五箇条』を定めたと考えられています。その第一条は、「将軍家に対して一心大切に忠勤を誓うこと」。こうして正之が朱子学と崎門学で培《つちか》った主君＝徳川将軍家に対する猛烈な〝忠〟の心が、会津藩のカラーとなったのです。

ちなみに、当時の正之は神道家の**吉川惟足**《よしかわこれたり》（P83）に師事して神道にもハマっており、この影響でもともと神道に造詣の深かった山崎闇斎も神道研究に取り組むようになりました。やがて中国の儒学と日本の神道を集大成した、垂加神道《すいかしんとう》を唱えるようになります。垂加神道は幕末の尊王攘夷運動にも大きな影響を与えました。

徳川光圀は家光の従兄弟《いとこ》で二代水戸《みと》（茨城県）藩主ですが、実は初代水戸藩主・頼房の三男。母親の身分が低かったせいか妊娠発覚時に父から堕胎が命じられ、6歳まで家臣の子として育ちます。同母兄の頼重《よりしげ》も父から徹底的に疎まれ、異母兄の亀丸が寵愛されていましたが早世。このため遠ざけられていた光圀がくり上がりで当主になったのです。複雑な家庭環境のせいか光圀は、度胸試しで辻斬《つじぎ》りをするほどに荒れた思春期を過ごしました。

しかし18歳のある日、中国の歴史書『史記《しき》』のなかの「伯夷伝《はくいでん》」という、お互いを思い合い儒学道徳に従って正しく生きた兄弟のエピソードに出会って大感激。以来すっかり更生《こうせい》し、自分も儒学が理想とする為政者になろうと、水戸の城下町に上水道を通し、貧民を救い、殖産興業《しょくさんこうぎょう》に取り組みました。さらに日本にも『史記』のような後世に残る歴史書を作ろうと試みて、史局《しきょく》・彰考館《しょうこうかん》を建て、『大日本史《だいにほんし》』の編纂に取り組みます。

また、明から亡命して日本にやって来た儒学者・**朱舜水**《しゅしゅんすい》を水戸に招聘。朱舜水が伝授した儒学は朱子学と陽明学の中間と表現され、学問で得た知識の実践・実用、実学を重んじる特徴がありました。これが後に水戸学《みとがく》と呼ばれる、独自の学風を生んでゆきます。

ちなみに光圀は、朱舜水に伝授された本場仕込みのレシピでラーメンを作って家臣に振る舞いました。これもある意味、知識の実践!?

岡山藩主の池田光政は外様《とざま》大名ですが、母は秀忠の養女で家光からも偏諱《へんき》を賜う《たま》（名を1字いただく）など徳川家と縁の深い人です。思春期のころに「自分が将来藩主になったら領地をどう治めればよいんだ！」ということを思い悩んで不眠症になりましたが、ある日『論語』を読んだことで、理想の君主になって領民に教育を施し、人々の豊かな暮らしを実現することが自分の使命と理解。目標が明確になったため、これ以来よく眠れるようになったといいます。

光政は儒学の本を読み漁り、特に「知行合一《ちこうごういつ》」を旨とする陽明学に傾倒し、陽明学者の**熊**《くま》**沢蕃山**《ざわばんざん》を招いて治水や土木事業などを推し進めました。ただ徳川家に仕える林家や保科正之らが朱子学を重んじため、陽明学者の熊沢蕃山は批判の的となり隠居を余儀なくされます。このため光政も陽明学から朱子学に転向しますが、「知行合一」の思いは変わることはありません。その後も教育事業に力を入れ、全国初とされる藩校・花畠教場《はなばたけきょうじょう》や、庶民のための公立学校・閑谷学校《しずたにがっこう》を開きました。

儒学こぼればなし

池田光政のマインド

寒い日の夜、光政がミカンを食べていると、
体を冷やすので良くありません！
と侍医に指摘された。このため光政は
食べるのをやめて寝室に入り、
あぶなかった……。
と独り言を言った。侍女が理由を聞くと、
「そんなの知っとるわ！」と言いそうになったがそれを言ったら
今後諫言する者がいなくなってしまうだろう。
池田光政
と言った。これを聞いた侍医は
ワッ
光政LOVE
光政
一生ついていく
感涙を禁じえなかったという。

完全なる儒学脳です

四代　家綱《いえつな》と文治《ぶんち》

◆治世を象徴する儒学の教え――出典／『礼記《らいき》』祭法《さいほう》（文王以文治《ぶんおうはぶんちをもって》）

【原文】

文王以文治、武王以武功去民之菑。此皆有功烈於民者也。


【読み下し文】

文王《ぶんおう》は文治《ぶんち》をもって、武王《ぶおう》は武功《ぶこう》を以《もっ》て民《たみ》の災《わざわ》いを去《さ》る。これ皆民《みなたみ》に功烈《こうれつ》のある事《こと》である。


【現語訳】

（父の）文王《ぶんおう》は法や学問、教育や文化で国を治め、（子の）武王《ぶおう》は武力で（暴君・殷の紂王《ちゅうおう》を滅ぼし）民の災いを取り去った。これらはすべて民のために行った優れた功績である。

【超要約】
優れた政治には文治政治と武断政治がある。

🔑の解説はP63をご覧ください

●ハードパワーからソフトパワーへ

三代将軍・家光が38歳にして授かった待望の嫡男が家綱である。家綱は生来病弱だったため、父・家光と大奥の女性たちによって蝶よ花よと育てられた。その性格は〝温順仁厚《おんじゅんじんこう》〟と評され歴代将軍としては稀《まれ》なほど、優しい心の持ち主であった。

『徳川実紀』によると家綱は幼いころ、罪人が遠流《おんる》の刑に処せられることを聞き、「罪を犯した人が島に流されるのは仕方がないけれど、島ではどう暮らすの？ 命を助けたのなら、なぜ生きてゆけるように食べ物を与えてあげないの？」と言った。これを聞いた父・家光は、「誰も気が付かないことであった。これを竹千代（家綱の幼名）の仕置き始めとせよ！」と感激し、これ以降、流人にも生きてゆけるだけの食料や金銭が与えられたという。

次期将軍としての資質は充分だったようだ。しかし慶安《けいあん》四年（1651）に家光が亡くなった時、家綱は11歳。相変わらず病気がちで、とてもリーダーシップをとれる状態ではなかった。家光の死後、幕政は幼少の四代将軍・家綱ではなく、家光の遺言により後事《こうじ》を託された保科正之（P54）と幕閣たちによって運営されるようになる。

しかしいきなり試練が訪れた。軍学者・**由比正雪**《ゆいしょうせつ》（🔑1）が幕府転覆計画を企てたのだ。

事件は未然に防がれたものの、幕府の抱える問題が露見するきっかけともなった。この事件の背景にあるのは浪人（失業した元武士）の急増という社会問題である。初代・家康、二代・秀忠、三代・家光は強大な軍事力を背景に諸大名を従わせる武断政治を行ってきた。改易、減俸処分になった大名は217家におよび、家光の晩年には40万から50万人もの浪人が発生していたと考えられている。由比正雪の乱にも複数の浪人が参加しており、浪人たちの幕府に対する不満はこの時期ピークに達していた。

戦国時代直後の混乱期には、徳川将軍家の支配体制に従わなかった豊臣家との戦い・大坂の陣や、幕府が鎮圧に乗り出さねばならない大規模な百姓一揆・島原の乱などがあったから、武力による威圧が必要という側面は確かにあった。しかし国内での大規模な合戦が終息した四代将軍・家綱の代に最早その必要はない。幕府に対する不満を解消するためにも、**武断政治の方針を大きく転換させる必要があった。すなわち文治政治へ、である。**

文治は儒学の経典『礼記』に由来する言葉だ。儒学の世界では文治主義という、君主が国の制度として礼節と音楽＝礼楽《れいがく》を重んじ、ひいては法や学問、教育や文化を充実させれば社会に秩序と調和がもたらされて、自然と人々が従うようになるという思想がある。文治主義を政治に反映させたものが文治政治だ。武断政治から文治政治への転換は、現代風に言えば**ハードパワーからソフトパワー**（🔑2）への転換とも言い換えることができよう。

●ビバ！「左様せい様」

幕府は文治政治への転換の第一歩として、「末期養子《まつごようし》（🔑3）の禁」を緩和した。これは、幕府がそれまでとってきた**強権的な大名統制路線を弛緩させたこと**を意味している。世間はもちろん、この路線を歓迎した。

一方家綱は、16歳になると初めて林羅山の講義を受けて儒学を学び始めた。以来、侍講について学び、普段から近習相手に「こういうことは『貞観政要』で戒められていたからやってはいけないよ」などと注意するようになったらしいから、かなりハマったようだ。

そんななかで、またもや試練が訪れる。**明暦《めいれき》の大火《たいか》**（🔑4）だ。江戸の6割が焼けたにも関わらず、幕府はすぐに復興に乗り出し、江戸城の顔である天守の再建も早速始まる。

しかし、土台が完成したところで保科正之が待ったをかけた。天守は有事の際の物見や武器庫であって、平時の使い道は無い。ただ巨大な天守は、江戸幕府の巨大な軍事力の証。徳川将軍家の権力の象徴であり、武断政治の時代には他の大名の牽制《けんせい》のためにもそれが必要であった。しかし文治政治への転換期において、果たして軍事力の証や権力の象徴が必要だろうか。保科正之は「天守は最早、無用の長物」と結論を出し、天守再建は中止。

巨額の再建費用を城下の復興・再建に充てることにしたと伝わっている。

こうして江戸の町は大災害から見る間に復興を遂げ、火事の火元となる可能性が高い寺社などは中心部から郊外に移転し、重要施設の前には火除けのための広小路が設けられるなど、減災を念頭に新たな都市設計がなされてゆく。政策面では殉死《じゅんし》の禁止や大名の証人制《しょうにんせい》（人質を江戸に住ませること）を廃止するなど、文治政治は着実に進展していった。

こうした諸政策に、四代・家綱はどれだけ関わっていたのだろう。彼のあだ名は「左様せい様」。重臣たちが行うことに「そうしなさい」と許可を与えることが主な仕事で、政治で主体性を発揮することは残念ながらほとんど無かったようだ。

しかし、これは保科正之や優秀な幕閣たちを全面的に信頼していたことの裏返しである。仕事を任されたほうは主君の期待に全力で応え、より良い政治を行うように努力を惜しまなかった。君臣の関係はこれ以上ないほどにかみ合っていたのだ。

それに家綱は子どものころから礼儀正しく、絵画や茶道を嗜み、能や琵琶《びわ》の鑑賞など文化的な趣味も持っていた。このため自然と武家社会にも礼を重んじ、文化を重視する風潮が浸透していく。心優しい性格もあいまって、新時代、すなわち儒学の政治思想に基づく、文治政治の時代の象徴としてこれ以上ないほど適性のある将軍だったのである。

心不全により40歳の若さで急逝したことが惜しまれる。

◆家綱と文治　キーワード

※58ページからの本文の🔑と対応しています

(🔑1)由比正雪《ゆいしょうせつ》

軍学者。江戸の各地に放火して上水道に毒を盛り、混乱に乗じて江戸城を乗っ取って、京都、大坂でも同時に蜂起するという過激なテロ計画で幕府転覆を企てたが失敗した。

(🔑2)ハードパワーからソフトパワー

現代の国際政治に用いられる用語。軍事、経済力等強大な権力によって他国を動かす力をハードパワー、文化や理念によって敬服させて他国を動かす力をソフトパワーと呼ぶ。

(🔑3)末期養子《まつごようし》

当主急死の際、跡継ぎがないために家が断絶する無嗣断絶《むしだんぜつ》を避ける目的で急いで迎える養子。幕府は当初これを認めず、無嗣断絶となる大名家が続出。浪人問題の一因となった。

(🔑4)明暦《めいれき》の大火《たいか》

明暦三年（1657）一月一八日～二〇日にかけて、江戸市中3ヵ所で相次いで出火。火は江戸の町の六割を焼き、江戸城も西の丸を残してほぼ全焼。10万人の死者を出す未曽《みぞ》有《う》の大惨事となった。

アンチ朱子学 〜山鹿素行と伊藤仁斎の古学

幕府に仕えた林家が朱子学派であったこと、また四代将軍・家綱を輔弼した保科正之が猛烈な朱子学信奉者であったことなどもあり、寛文期には「儒学のなかでも朱子学が正統」という認識が暗黙のうちに広まっていきました。

そんななかで敢然と朱子学を批判したのが**山鹿素行**《やまがそこう》です。素行は会津若松の浪人の子として生まれ、幼いころに一家で江戸に移り、父の教育方針で林羅山に入門して朱子学を学びました。かなりの秀才で儒学の他にも歌学《かがく》や兵学を学び、単に敵を倒すだけでなく儒学道徳なども重視する独自の兵法、山鹿流兵学を打ち立てます。

この学識を買われて播磨《はりま》（兵庫県）赤穂《あこう》藩に仕官しますが、待遇に不満をもって数年で致《ち》仕《し》（辞めた）。このころから朱子学に疑問を持ち始め、朱子など後世の学者による解釈を棄てて、儒学の原点である孔子や孟子などの〝聖人《せいじん》〟の教えに立ち返ろうという新たな学問体系を構想。その理論を『聖教要録《せいきょうようろく》』としてまとめて刊行し、世に広めようとしました。素行の学問は、〝聖人〟の学問という意味で〝聖学《せいがく》〟とも呼ばれています。ただ、これが保科正之の逆鱗に触れ、播州赤穂に配流となってしまいます。

この時期にアンチ朱子学を唱えたもう一人の人物が**伊藤仁斎**《いとうじんさい》。仁斎は京都の町衆の子として生まれ、11歳から四書を学び、最初は朱子学に傾倒。30歳前に病にかかって隠居するとさらに学問を深めますが、そのうちに、朱子学には孔子・孟子の本来の教えではない仏教や道家《どうか》思想がかなり混入していることに気が付きました。

たとえば孔子の遺書とされてきた四書の『大学』は、緻密な文献批判を重ねた結果、遺書ではないことを明らかにしています。そして『論語』こそ「最上至極宇宙第一の書」、『孟子』は孔子の思想を最もわかりやすく説明するものと位置づけ、この二冊を精読することで孔子と孟子の教えに近づけると考えました。

仁斎の主張によれば、孔子・孟子は、〝仁義礼智〟や〝忠信〟という実践倫理を説いたのであって、〝理〟などの形而上学的概念を持ち出す朱子学は、孔子や孟子の意図から大きく離れているといいます。

保科正之が聞いたら卒倒しそうな主張ですが、仁斎は生涯、どこの藩にも仕えることなく、京都堀川の生家に家塾「古義堂《こぎどう》」を開いて、市井《しせい》の学者として人々に儒学を教えました。

仁斎は、孔子の教えの〝仁〟を〝愛〟と解釈し、人々が互いに愛し合うことが大事であるとして、「我能《よ》く人を愛すれば、人も亦《ま》た我を愛す（自分が本当に人を愛していたら、自然と人は自分を愛してくれる）」という言葉も残しています。その温かな人柄は多くの人から慕われ、塾生はのべ３０００人に上りました。

山鹿素行や伊藤仁斎のように、朱子学や陽明学を批判し、孔子・孟子の古《いにしえ》の教えに立ち返ろうという日本独自の儒学の学派を〝古学《こがく》〟といいます。

儒学こぼればなし

山鹿流兵学
朱子学を批判して赤穂藩に配流となった
山鹿素行は、藩士に兵学を教授。
大石内蔵助も学んだとされ、その有用性は
山鹿流陣太鼓は
デカイ ウルサイ
使わなかったらしい!
後に吉良邸への討ち入りで証明される。
ちなみに、保科正之の死後、罪を許された
辞令
山鹿素行殿
江戸に戻ってよし
幕府
素行が江戸に戻ってまっ先に向かったのが
親友の吉良上野介
大変だったな 茶でも飲んでゆっくりしてってよ
心の友よ ありがとう
の屋敷だったという。
想定外の相手に効力を発揮しました

第二章 ヤリスギ儒学の時代

	将軍	在位	ブレーン または側近	侍講など 政治の中枢に いた儒者	その他の儒者
5	綱吉《つなよし》	延宝《えんぽう》8（1680） ～約29年間	堀田正俊《ほったまさとし》 柳沢吉保《やなぎさわよしやす》	林鳳岡《はやしほうこう》 木下順庵《きのしたじゅんあん》 木下菊潭《きくたん》	吉川惟足《よしかわこれたり》※ 伊藤仁斎《いとうじんさい》 室鳩巣《むろきゅうそう》 浅見絅斎《あさみけいさい》 荻生徂徠《おぎゅうそらい》
6	家宣《いえのぶ》	宝永《ほうえい》6（1709） ～約4年間	新井白石《あらいはくせき》 間部詮房《まなべあきふさ》	林鳳岡 室鳩巣	雨森芳洲《あめのもりほうしゅう》 貝原益軒《かいばらえきけん》 青地兼山《あおちけんざん》 青地麗沢《あおちれいたく》
7	家継《いえつぐ》	正徳《しょうとく》3（1713） ～約3年間	新井白石 間部詮房	林鳳岡 室鳩巣	

※儒学をとり入れた神道家

五代　綱吉《つなよし》と忠孝《ちゅうこう》

◆治世を象徴する儒学の教え――出典／『孟子』梁恵王上《りょうけいおう》（仁者無敵《じんしゃむてき》）

【原文】

地方百里而可以王。王如施仁政於民、省刑罰、薄税斂、深耕易耨。壮者以暇日、脩其孝悌忠信、入以事其父兄、出以事其長上、可使制梃以撻秦楚之堅甲利兵矣。彼奪其民時、使不得耕耨以養其父母、父母凍餓、兄弟妻子離散。彼陥溺其民、王往而征之、夫誰與王敵、故曰仁者無敵、王請勿疑。

【読み下し文】

地方百里《ちほうひゃくり》にしてもって王《おう》たるべし。王如《おうも》し仁《じん》なる政《まつりごと》を民《たみ》に施《ほどこ》し、刑罰《けいばつ》を省き税斂《ぜいれん》を薄《うす》まば、（民《たみ》）深《ふか》く耕《たがや》し易《おさ》め耨《くさぎ》らん。壮者《そうしゃ》は暇《ひま》ある日《ひ》をもって其《そ》の孝悌忠信《こうていちゅうしん》を修《おさ》め、入《い》りてはもって其《そ》の父兄《ふけい》に事《つか》え、出《い》でてはもって其《そ》の長上《ちょうじょう》に事《つか》えば、梃《つえ》をもって秦楚《しんそ》の堅甲利兵《けんこうりへい》を撻《う》た使《し》む可《べ》き矣《かな》。彼《かれ》は其《そ》の民《たみ》の時《とき》を奪《うば》い、耕《たがや》し耨《くさぎ》りてもって其《そ》の父母《ふぼ》を養《やしな》うを得《え》ずら使《し》め

ば、父母《ふぼ》凍《こご》え餓《う》え、兄弟妻子《きょうだいさいし》は離《はな》れ散《ち》らん。彼《かれ》は其《そ》の民《たみ》を陥《おとしい》れ溺《おぼ》れさすに、王《おう》往《ゆ》き而《しかるに》之《こ》れ征《せい》せば、夫《そ》れ誰《だれ》か王與敵《おうにあたいかな》わん。故《ゆえ》に曰《いわ》く、仁者《じんしゃ》は敵無《てきな》しと。

【現代語訳】

百里四方の領土だけで充分天下の王者になれる。もし王が情け深い仁政を行い、刑罰を緩め課税を軽くすれば、民は難なく畑を深く耕すだろう。

そうなれば、農作業に余裕ができ、その時間で親孝行、年長者への敬意、誠意をもって主に仕える忠心や、信頼などの道徳を学ぶ。すると家では親や年長者に仕え、世間では上司や年長者に従うようになる。棍棒《こんぼう》程度の武器を持たせてもよく働き、秦や楚の、鎧兜《よろいかぶと》に身を固め、鋭い武器を持った精兵《せいびょう》を、打ち倒すことができる。敵国は民の時間を奪い、民は農作業に手いっぱいで父母を養うこともできない。やがて父母は凍えて飢え、一家離散となるだろう。敵国がこのように民をいじめているところに、王者が出向いて軍を引き連れたなら、一体誰が勝てるというのか。だから言うのだ。仁政の王者に敵はいないと。

【超要約】

王者が仁政を敷き、民が〝孝悌忠信《こうていちゅうしん》〟を学ぶ国は無敵。

🔑の解説はP82～83をご覧ください

●親孝行か、マザコンか

家綱が子に恵まれずこの世を去ったので、五代将軍になったのは家綱の弟の綱吉だ。館《たて》林《ばやし》徳川家当主・綱吉が36歳で将軍になると、母・**桂昌院**《けいしょういん》（🔑1）は江戸城の三の丸、二の丸の大奥で暮らすようになった。綱吉は母のもとに毎日使いをやって気遣い、少しでも時間があれば自ら赴いて猿楽《さるがく》を演じたり絵を描いたり、食事の配膳までしてご機嫌をとった。

桂昌院の願いはすべて叶えるべく、常日ごろから調度品や綾錦《あやにしき》の着物を贈るのはもちろん、時には寺（！）をプレゼントすることもあった。桂昌院は綱吉が生まれた時に、加持祈祷僧の亮賢《りょうけん》から「この御子様は類《たぐい》まれな出世をする相《そう》があります」と予言を受けたという。その後、実際に綱吉が将軍になったことから熱烈な亮賢の信者となり、仏教（真言密教）にハマっていった。このため綱吉は将軍になった翌年に桂昌院の願いを受けて江戸に巨大寺院・護国寺《ごこくじ》を建て、その住職に亮賢を据えた。

仏教界と太いパイプを持った桂昌院は、他にも京都の南禅寺《なんぜんじ》、奈良の唐招提寺《とうしょうだいじ》といった当時廃れていた寺院を綱吉の経済的バックアップで次々に再興していく。綱吉自身も母の影響で仏教に厚く帰依《きえ》するようになった。後世に残る歴史文化遺産を整備した綱吉と桂昌院の功績は計り知れないが……そのために莫大な金がかかっており、幕府の財政赤字は雪だるま式に膨れ上がった。

ちなみにもう一つ綱吉が桂昌院にプレゼントしたのが官位だ。桂昌院は庶民出身で身分が低かった。このため朝廷にかけあい（というかゴリ押しして）桂昌院に女性最高位の従一位が叙任されることが決まった。庶民出身の女性としては異例の昇進だ。

この桂昌院従一位叙任の話が進むなか、朝廷からの使者・勅使《ちょくし》を江戸城に招いての重要な儀式の進行中に起こったのが、赤穂藩主・浅野内匠頭《あさのたくみのかみ》が**高家**《こうけ》（🔑2）・吉良上野介《きらこうずけのすけ》に斬りつけた刃傷《にんじょう》事件である。

桂昌院従一位叙任のためになんとしても勅使に好印象を持ってもらいたいというなかで、まさかの流血沙汰が起こってしまった。怒り沸騰の綱吉は浅野内匠頭に対し、動機などの吟味もせずに即日切腹&赤穂藩御取り潰しという厳しすぎる処分を下す。これが発端となって、後に赤穂浪士による吉良上野介邸への討ち入り騒動が起きた。これがいわゆる**赤穂事件**《あこうじけん》（🔑3）のあらましだ。

一連の行動を綱吉の親孝行ととるかマザコンととるかは、読者の感性に任せよう。しかしながら、この**マザコンともとれるほど度を越した親孝行にも理由があった。**

●「天和の治」〜〝忠〟〝孝〟そして〝礼〟重視の社会へ

『徳川実紀』によると、綱吉は兄弟の中で群を抜いて賢かった。そのため、父・家光は大奥の女性たちに「この子は頭が良いので、上手く育てないとその賢さ故に身を滅ぼすことになるだろう。兄たちに対して礼を欠いて憎まれるようなことがあってはならないから、謙遜《けんそん》を旨とするよう躾《しつけ》よ」と常々指導していたそうだ。

また、家光は桂昌院に「自分は子どものころは武芸を好み、若くして将軍になったので読書する暇が無かった。政治を行ってみると折に触れ知識不足で悔しい思いをし、学が無いことを後悔している。この子（綱吉）は賢く将来有望である。良い師匠について儒学を学べばいずれ役立つこともあるだろう。心して教育するように」と言った。桂昌院は涙を浮かべてかしこまり、綱吉に儒学者をつけて教育するようになったという。

家光は綱吉が数え6歳の時に亡くなっているから、これはそれ以前のエピソード。つまり**物心つくかつかぬかのころから儒学の英才教育が始まった**ことを意味している。綱吉は家光の死後も父の遺言として儒学に励み、四書五経、特に朱子学の書を読み込んだ。病に臥せっても儒学の本を離さなかったというほどだ。

孔子を崇拝することひとしおで、先祖供養の祭祀がある日は一睡もせず**『孝経《こうきょう》』**（🔑4）を暗誦《あんしょう》。綱吉が生涯最も愛読したと伝わるのがこの『孝経』と『大学』だ。綱吉の場合は父・家光が早くに亡くなっているため、**〝孝〟の実践＝親孝行の対象は母・桂昌院**に絞られたというわけなのだ。

こうした幼少期からの教育で**儒学が血肉となった綱吉は、五代将軍に就任すると全国規模で儒学道徳、特に〝忠〟〝孝〟を奨励**した。それがよく表れているのが武家諸法度「天和令」である。

大名統制のために幕府が制定した武家諸法度（P53）は、秀忠の「元和令」、家光の「寛永令」、家綱の「寛文令」で少しずつ内容に改訂を加えて発布されたが、冒頭の、

文武弓馬ノ道、専ラ相嗜ムヘキ事
（文武両道を旨とし、弓術や馬術などに一途に励むこと）

という武士としての基本姿勢を示した部分はそのまま踏襲された。ところが綱吉が将軍になって発布した「天和令」では、この一文を、

文武忠孝ヲ励マシ、礼儀ヲ正スヘキノ事
（文武両道と忠孝を尽くし、礼儀正しくせよ）

という内容に変更している。言うまでもなく、儒学的ニュアンスが相当強まった。

忠孝はそれぞれ〝忠（誠意をもって主に仕えること）〟と〝孝（親を大事にすること）〟という儒学が重視する徳目だ。**孔子の教えの根本は〝仁（人を愛すること）〟であるが〝仁〟の気持ちが具体的に表れると〝忠〟や〝孝〟になるというのが儒学の基本的な考え方**で、冒頭で紹介した『孟子』梁恵王篇にも〝孝悌忠信《こうていちゅうしん》〟というフレーズで取り上げられている。さらに**〝仁〟を外面的に表現するのが〝礼〟**とされ、詳しくは七代・家継《いえつぐ》のところ（P102）で述べるが〝仁〟と〝礼〟を兼ね備えるのが理想とされた。

この武家諸法度改訂の文面アイデアは、綱吉の独創というわけではない。既に家光の時代に発布されていた**諸士法度《しょしはっと》**（🔑5）の冒頭に、「忠孝を励まし礼法を正し常に文道武芸を心掛け（以下略）」とあるのがその原型であり、幕府が将軍直属の家臣である旗本・御家人層に儒学的道徳観を浸透させようという方針自体は、早くからあったとみてよい。

綱吉はこれを武家諸法度に統合することで、全国の大名以下武家社会にまで広めようとしたわけだ。

それだけでなく庶民向けにも「忠孝を励まし　夫婦兄弟諸親類にむつまじく　召仕之者に至る迄　憐愍《れんびん》をくはふべし　若不忠不幸之者あらは可為重罪事（忠孝を尽くして夫婦・兄弟・親類と親しくし、奉公人にも憐《あわ》れみをもって接すること。もし不忠不孝な人がいたら重罪に処す）」という高札《こうさつ》、いわゆる「忠孝札《ちゅうこうさつ》」を掲げて啓蒙を図った。

綱吉の政治信条は「武家諸法度」の改訂や「忠孝札」にみられるように、武家も庶民も〝忠〟〝孝〟〝礼〟などの儒教的道徳を身に付けてよりよい社会を創ろうというものであった。これは家綱の時代にその萌芽《ほうが》を見た〝文治〟政治を推し進めることにもなる。このような初政のころの綱吉の治世は善政の時代とみなされ「天和《てんな》の治」と賞されている。

しかし、年号が天和から貞享《じょうきょう》に変わると、綱吉は矢継ぎ早に以下のような法令を出した。

・貞享元年（1684）六月　会津藩に対して鷹献上の停止
・貞享二年（1685）七月　将軍が御成りの際に犬や猫をつなぐ必要はない
・貞享二年（1685）二月　許可のない鉄砲使用（による殺生の）禁止
・貞享二年（1685）九月　拵馬《こしらえうま》（馬の筋を切って見た目を良くすること）の禁止
・貞享四年（1687）正月　病気の牛馬の遺棄の禁止

これがいわゆる「生類憐《しょうるいあわれ》みの令」の最初期の法令群である。

●「生類憐みの令」の功罪

「生類憐みの令」は一つの法令ではなく、綱吉の治世で〝生き物を憐れむように〟という趣旨で出された法令全般に対する総称だ。貞享四年から元禄《げんろく》年間、続く宝永《ほうえい》年間にかけて少なく見積もっても60を超える法令が出ている。枚挙にいとまがないため細かくは触れない。ただ、よく知られているように一番手厚い保護対象になっていたのは犬である。

なぜ犬なのかについては身近な動物だからとか、綱吉が戌《いぬ》年だったからとか諸説あるが、とにかく、犬を大事にするようにというお触れが度々出された。その結果、大量に繁殖し江戸の町中には犬があふれて人に危害を与えるようになる。

そして、襲いかかってきた犬を切り捨てた人が切腹させられるなど、あたかも人間の命よりも犬の命が優先されるような異常事態になり、人々のストレスが蓄積。人目を忍んで犬を虐待する事件が増えた。

そこで幕府が作ったのが、巨大な犬小屋だ。およそ30万坪の広さに10万匹以上といわれる犬を保護。集団隔離が行われた。ただ餌代だけで年間およそ10万両（およそ100億円）かかり、その多くを負担したのは江戸を含む関東の天領《てんりょう》に暮らす人々だった。さらに犬小屋に収容された犬は自由に走り回ることができなかったため、運動不足で死んでしまうことも多かった。嗚呼、本末転倒……。このようなことから**「生類憐みの令」は、当時の人々にはおおむね不評**であった。近年では動物愛護の観点から「生類憐みの令」が再評価されているが、こうした負の部分があったことも事実である。

では、綱吉はなぜ「生類憐みの令」に固執したのだろう。か弱いものを憐れむことは儒学でいうところの〝仁政〟の実践になるし、母の影響で自身も厚く帰依するようになった仏教の殺生戒《せっしょうかい》にも適《かな》うため、力を入れた政策だったという側面はもちろんあるだろう。その理念自体には多くの人が共感できると思う。しかしそれを徹底させるために、あまりに過剰な取り締まりを行ったことに関してはどうか。筆者には斟酌《しんしゃく》できない。

「天和の治」と「生類憐みの令」の間には明らかな断層がある。そしておそらくこの断層には二人の人物の死が大きく関わっている。

一人目は天和三年（1683）閏《うるう》五月に、5歳で亡くなった長男・徳松《とくまつ》だ。将軍である綱吉にとって自身の後継者となる男子を残すことは義務であり使命であった。親として子の死ほど辛《つら》いことはないが、綱吉の場合はそれだけでなく、将軍としての役目を果たせないことを意味していたのだ。しかも儒学には**自分の代で血統を絶やすことなく子孫を残すことが、親や先祖に報いる〝孝〟である**という考え方がある。つまり徳松の死は、将軍と儒学という、綱吉のアイデンティティを揺るがす大問題だったのだ。貞享元年（１６８４）二月末に服忌令《ぶっきりょう》（🔑6）を発布したのも徳松の死の影響と見られる。ちなみにこのころの綱吉は神道にもハマり、神道家の吉川惟足《よしかわこれたり》（🔑7）を重用。服忌令制定に関わらせた。

二人目は老中・堀田正俊《ほったまさとし》だ。実は綱吉が五代将軍になることはあっさり決まったわけではない。四代将軍・家綱《いえつな》の時代に権勢を誇った大老・酒井忠清《さかいただきよ》が、五代将軍は宮家から呼ぶべきとの方針を打ち出したからである。この時に家綱と血のつながりが一番近いからと綱吉の将軍就任を強力に推したのが老中・堀田正俊だった。

キングメーカーとなった堀田正俊は綱吉政権の中心人物となり「賞罰厳明《しょうばつげんめい》」をモットーに、役人はもちろん徳川将軍家の親戚筋であろうと容赦なく処罰。厳しい視線は将軍・綱吉にも向けられビシバシ諫言。莫大な維持費がかかる御座船《ござぶね》・安宅丸《あたけまる》の破却を決めた。さしもの綱吉も自身を将軍の座に引き上げた功労者である正俊には反論できなかった。

綱吉の初政のころが「天和の治」と賞されるのは、正俊の手腕によるところが大きい。しかし正論パンチで辣腕《らつわん》をふるう政治スタイルは恨みを買うことも多かったようだ。貞享元年（１６８４）八月に、江戸城内で若年寄の稲葉正休《いなばまさやす》に刺されて死亡する。堀田正俊の死は綱吉に諫言できる人間がいなくなったことを意味していた。

綱吉は正俊亡き後は、自身のお気に入りの側近・柳沢吉保《やなぎさわよしやす》らに幕政の実権を握らせて周囲をイエスマンで固め、自身の思いを政治に直接反映できる体制を構築。こうして「生類憐みの令」が発令される土壌が整ったというわけだ。

当時の史料『三王外記《さんのうがいき》』（🔑8）によると、綱吉に僧侶が「**人に子無きは前世の殺生《せっしょう》の報い。子が欲しければ殺生を慎み生類を憐むべし**」と**助言をしたのが「生類憐みの令」発令の発端だった**という。おそらくこれに近いことが実際にあって、綱吉は「生類憐みの令」を発令するに至ったのだろう。仏教には善い行いをすれば善い結果が得られるという「善因善果《ぜんいんぜんか》」の思想がある。か弱い命を憐れめば、自身もまた新たな命＝将軍の後継者を授かることができるはずだと、このころの綱吉は藁《わら》にも縋《すが》る思いだったはずだ。

ただ残念なことに、生類を憐れんでも憐れんでも子宝には恵まれなかった。さらに元禄期には関東を直下型の巨大地震が襲い、宝永期には富士山が大噴火するといった未曾有《みぞう》の天変地異が連続したことも綱吉の焦燥感を募らせた。

儒学には、為政者の悪政を戒めるために天が自然災害を起こすのだという〝災異説《さいいせつ》〟という考え方が存在する。このため綱吉は「私の政《まつりごと》は天に認められてはいない……。もっともっと生類を憐れまねば！」と受け止めた可能性は大きいだろう。なにしろ綱吉にとって「生類憐みの令」は、儒学はもちろん、仏教、さらに死穢《しえ》を忌《い》む神道の教えにも適う善政中の善政であるはずだったのだから。

●ヤリスギ癖の賜物!?　儒学隆盛

儒学、仏教、神道のハイブリッドモンスター・綱吉によって「生類憐みの令」はエスカレート。周囲には止める人も無く、綱吉が死ぬまで効力を発揮した。

ここまででお察しの通り、綱吉は良くも悪くもすべてにおいてヤリスギな癖がある。「こう」と決めたらとことんやらないと気が済まず、そのことが吉と出る場合も凶と出る場合もあり、在世中から現代まで毀誉褒貶《きよほうへん》の激しい将軍である。

この綱吉が特にヤリスギたのが儒学だ。儒学は綱吉が幼少期から最も熱を入れて取り組み続けた学問で、将軍に就任してからは益々力を入れるようになった。

貞享元年（1684）ごろからは、儒学者・**林鳳岡《はやしほうこう》**（🔑9）を朝晩関係なく江戸城に呼びつけた。林家家塾のある上野忍ヶ岡からでは出勤が大変だろうということで、江戸城の近くに屋敷を与えて引っ越しさせた（!）ぐらいなので、かなりのお気に入りだったのだろう。

元禄四年（1691）には家塾も湯島に移転させ、およそ6千坪の敷地に孔子を祀《まつ》る大成《たいせい》殿《でん》の他、杏檀門《きょうだんもん》、入徳門《にゅうとくもん》、仰高門《ぎょうこうもん》などを備えた本格的な儒学教育施設を作った。これが湯《ゆ》島聖堂《しませいどう》である。

湯島聖堂落成にともない、林鳳岡は従五位下・大学頭《だいがくのかみ》に叙任され蓄髪《ちくはつ》（剃髪した僧が再び髪を伸ばすこと）を許された。それまでは幕府の職制に儒学者のポジションが無いため、髪を剃り仏教の僧の体裁をとらされてきたことを思えば、これは大きな変化である。林鳳岡の大学頭就任と蓄髪は、ついに**幕府の職制として儒学者が正式に認められた**ことを意味していた。

また綱吉は自らが主宰して、儒学の講筵《こうえん》を240回開いて大名や旗本たちにも拝聴させたし、お気に入りの家臣の家には直接何度も押しかけて（!!）、自ら儒学の講義を行った（!!!!）。このように綱吉が無類の儒学好きであったことで諸大名や旗本以下、江戸城の門番に至るまで儒学を学ぶのが当たり前になり、武士の間で学問重視の風潮が高まっていったのである。現代でも社長の趣味がゴルフであれば、部下も共通の趣味を持つためにゴルフを嗜むようになるのと同じようなものなのかもしれない。明らかにヤリスギではあるが……。

こうして、家康から家綱に至るまで徳川将軍家やその親戚筋によって愛されてきた儒学は、ついに**広く武家社会に浸透して庶民生活に影響を与えるまでに広まった**のだ。

儒学の隆盛は、綱吉のヤリスギ癖の賜物なのである。

◆綱吉と忠孝　キーワード

※68ページからの文中の🔑と対応しています

🔑1）桂昌院《けいしょういん》

家光の側室・綱吉の母。京都の八百屋の娘として生まれ、縁故で江戸城大奥に入り、春日局《かすがのつぼね》の推薦《すいせん》で家光の側室になった。落飾《らくしょく》（仏門に入る）前の名が玉《たま》であることから「玉の輿《こし》」の語源という説があるが、玉の輿の用例は以前からあるため事実ではない。

🔑2）高家《こうけ》

江戸幕府の職名。室町時代からの名門の家が世襲。老中支配に属し、幕府関連の儀式典礼、朝廷からの勅使接待等を担当した。

🔑3）赤穂事件《あこうじけん》

元禄《げんろく》十四年（1701）三月十四日の江戸城刃傷事件を発端とし、翌年十二月十四日夜から十五日未明にかけ、赤穂浪士47人が吉良上野介邸を襲撃。主君の仇討《あだうち》をした事件。

🔑4）『孝経《こうきょう》』

孔子が弟子の曽子《そうし》と問答する形式で書かれた短編で〝孝〟を最高の徳とする。『詩経』の引用が多く暗誦《あんしょう》しやすく、江戸時代後期には『論語』とともに幼児教育に用いられた。

(5)諸士法度《しょしはっと》

寛永十二年(1635)三代家光が旗本・御家人を対象に発令。寛文四年(1664)四代家綱の治世に改訂、天和三年(1683)五代綱吉の治世に武家諸法度に統合された。

(6)服忌令《ぶっきりょう》

近親者の死に際して喪に服し死穢を忌む期間を決めた法令。綱吉が慣習として行われていた服忌を徹底するよう命じ、儒学者や神道家が参画して定められた。

(7)吉川惟足《よしかわこれたり》

吉田神道を基礎としつつ仏教色を排除し、朱子学的理念を加えた吉川神道を創始。神儒一致、天皇家を中心とした君臣関係の意義を訴え、垂加神道《すいかしんとう》、尊王思想に影響を与えた。

(8)『三王外記《さんのうがいき》』

五代綱吉、六代家宣《いえのぶ》、七代家継《いえつぐ》の治世の出来事などを漢文体で記述した史書。著者は「東武野史訊洋子《とうぶやしじんようし》」と署名があるが不明。儒学者・太宰春台《だざいしゅんだい》(P155)とする説が有力。

(9)林鳳岡《はやしほうこう》

本名は信篤《のぶあつ》。林羅山の孫。林鵞峰の次男。四代家綱から八代吉宗まで徳川将軍五代にわたって仕えた儒学者。初めて大学頭に任命され、以後林家が大学頭を世襲した。

元禄赤穂事件から『仮名手本忠臣蔵』へ

元禄十五年（1702）十二月十四日深夜。旧赤穂藩の家老・大石内蔵助以下四十七士が主君・浅野内匠頭の無念を晴らすべく、吉良上野介邸に討ち入りを果たして本懐を遂げました。翌朝には吉良の首を浅野家の墓所がある泉岳寺《せんがくじ》まで運び、途中離脱した寺坂《てらさか》吉右衛門《きちえもん》以外の46名が「我々は主君の仇を討つという志を達成しました。あとは大人しくお裁きを受けます」と、幕府への恭順の態度を示して処分を待つことに決めます。このニュースはたちまち江戸で話題となり、赤穂浪士助命ムードが巻き起こります。

ただしこの事件には大きな問題がありました。仇討の要件を満たしていないのです。仇討とは主人が殺された場合に家臣や子どもが加害者を討つことです。これ自体は〝忠〟〝孝〟の理念に適うこともあり、江戸時代には法的に認められていましたから、加害者を殺したとしても刑に処せられることはありませんでした。

ですから、もし浅野内匠頭が吉良上野介に殺されたのなら、赤穂浪士の吉良邸への討ち入りは仇討として成立します。しかしこの事件の場合、むしろ浅野内匠頭は吉良上野介に対する傷害事件の加害者でした。

浅野が吉良に斬りかかった時に「この間の遺恨覚えたるか！」と叫んだことは現場を見た人の記録から判明しているので、浅野が吉良に対してなんらかの恨みを持っていたらしいのですが、それが一体何なのか？　ということは、幕府は浅野の主張を聞くこともなく即日切腹にしてしまったため、真相を知る機会は永遠に失われます。

さらに当時は喧嘩両成敗の原則がありましたが、幕府は浅野側を切腹＆御家御取り潰しにしているのに対し、吉良側にはお咎《とが》めなしとしました。これは明らかな采配ミスです。おそらく、母の桂昌院の従一位叙任に水を差された綱吉の猛烈な私怨《しえん》により、正常な司法手続きが取られず拙速《せっそく》な処分を下してしまったのでしょう。

ですので、もし赤穂浪士が仇討ということで討ち入りするなら、行くべきなのは、筋から言えば浅野内匠頭を問答無用で即日切腹にして命を奪った幕府、つまり江戸城なのです。ただ、さすがに赤穂浪士も幕府に弓引くわけにはいきません。幕府のほうも自分たちに矛先を向けられたら困ります。ということで、両者の落としどころになったのが吉良上野介の首だった、というわけなんですね。

赤穂浪士の吉良邸への討ち入りは仇討と認められない以上、〝法〟的には浪人たちが徒党を組んで夜中に武家屋敷に押し入った殺人事件ということになり、厳罰を下す必要があります。〝法〟の重視は〝文治〟主義を推し進めるうえでも外せない基準でした。しかし一方で、主君が相手に対して何らかの恨みを持って死んだのだから、相手の首を討つのは〝忠〟（誠意をもって主に仕えること）を貫くという意味で〝義〟（正しい道理）には適っているのです。

つまり、赤穂事件に対する処分は儒学が重視する〝法〟によるべきか、それとも〝忠〟〝義〟を評価すべきなのかという、大変ややこしい問題をはらんでいました。

ちなみに儒学者は、**林鳳岡・室鳩巣・浅《あさ》見《み》絅斎《けんさい》**らが「助命論」、**荻生徂徠**らが「切腹論」を主張。幕府内でも助命派と切腹派に分かれ、議論が紛糾します。そこで、綱吉は信頼する公辯法親王《こうべんほっしんのう》（天皇の皇子で天台宗の僧侶）に相談し、次のようなアドバイスを受けます。

「彼らは大変な苦労の末に主人のために復讐を果たしたが、その志を遂げた以上もう思い残すことはないだろう。罪を許したとしても彼らのようなものがよその家に行って二君に仕えるようなことはない。〝忠〟〝義〟の人たちをこれ以上苦しめるよりは、武士として切腹をさせることが彼らの志に報いることにもなり、〝法〟にも適う」

つまり赤穂浪士の〝忠〟〝義〟を最大限に評価したうえで、〝法〟にのっとって切腹させるべし、ということです。

「それだ！！！！（ｂｙ綱吉以下幕府の面々）」

ということで、元禄十六年（１７０３）二月四日に幕府は赤穂浪士46人に切腹を申し付けました。

世論は圧倒的助命ムードだったため、この結末には同情が殺到。赤穂浪士を偲ぶさまざまな物語が作られました。人形《にんぎょう》浄瑠璃《じょうるり》や歌舞伎の世界では鉄板の人気ジャンルとなり、事件発生から47年目に上演された『仮名手本《かなでほん》忠臣蔵《ちゅうしんぐら》』が大ブレイク。必ず大入り満員になる独参湯《どくじんとう》（気付けの妙薬。転じていつ出しても当たる狂言のこと）としてくり返し上演され、赤穂浪士の〝忠〟〝義〟の美談は語り継がれてゆくことになるのです。

儒学こぼればなし

歌舞伎化にあたって
江戸時代は言論統制があり、実在の武家を扱う芝居の上演はご法度。このため、
大石内蔵助は
大星由良之助に
赤穂事件も『太平記』の世界（南北朝時代）に置きかえられて、登場人物の名前も変更。
タイトルは仮名手本（ひらがなの教科書）の
仮名手本忠臣蔵
いろは47字に忠臣の手本四十七士を重ね、
47文字を7字で切った最後の字が理不尽な
"咎なくて死す"
いろはにほへと
ちりぬるをわか
よたれそつねな
らむうゐのおく
やまけふこえて
あさきゆめみし
ゑひもせす
浅野内匠頭の切腹を暗示しているという。
ニオワセ感がスゴイです

六代　家宣《いえのぶ》と仁政《じんせい》

◆治世を象徴する儒学の教え──出典／『十八史略《じゅうはっしりゃく》』巻第一　五帝《ごてい》　帝尭陶唐氏《ていぎょうとうとうし》（鼓腹撃壌《こふくげきじょう》）

【原文】

帝堯陶唐氏、帝嚳子也。其仁如天、其知如神。就之如日、望之如雲。都平陽。茆茨不剪、土階三等。治天下五十年、不知天下治歟、不治歟、億兆願戴己歟、不願戴己歟。問左右、不知。問外朝、不知。問在野、不知。乃微服游於康衢。聞童謡曰、「立我烝民　莫匪爾極　不識不知　順帝之則」有老人、含哺鼓腹、撃壌而歌曰、「日出而作　日入而息　鑿井而飲　耕田而食帝力何有於我哉」堯立七十年、有九年之水。使鯀治之。九載弗績。尭老倦于勤。四岳挙舜、摂行天下之事。堯子丹朱不肖。乃薦舜於天。尭崩、舜即位。

【読み下し文】

帝堯陶唐氏《ていぎょうとうとうし》は、帝嚳《ていこく》の子《こ》なり。其《そ》の仁《じん》は天《てん》の如《ごと》く、其《そ》の知《ち》は神《かみ》の如《ごと》し。之《これ》に就《つ》けば日《ひ》の如《ごと》く、之《これ》に望《のぞ》めば雲《くも》の如《ごと》し。平陽《へいよう》に都《みやこ》す。茆茨《ぼうし》剪《き》らず、土階三等《どかいさんとう》のみ。天下《てんか》を治《おさ》むること五十年《ごじゅうねん》、天下《てんか》治《おさ》まるか、治《おさ》まらざるか、億兆《おくちょう》己《おのれ》を戴《いただ》くことを願《ねが》ふか、己《おのれ》を戴《いただ》くことを願《ねが》はざるかを知らず。左右《さゆう》に問《と》ふに知《し》らず、外朝《がいちょう》に問《と》ふに知《し》らず、在野《ざいや》に問《と》ふに知《し》らず。乃《すなわ》ち微服《びふく》して康衢《こうく》に游《あそ》ぶ。童謡《どうよう》を聞《き》くに曰《いわ》く、「我《わ》が烝民《じょうみん》を立《た》つるは爾《なんじ》の極《きょく》に匪《あら》ざる莫《な》し識《し》らず知《し》らず帝《てい》の則《のり》に順《したが》ふ」と。老人《ろうじん》有《あ》り、哺《ほ》を含《ふく》み腹《はら》を鼓《つづみ》うち、壌《つち》を撃《う》ちて歌《うた》ひて曰《いわ》く、「日《ひ》出《い》でて作《な》し日《ひ》入《い》りて息《いこ》ふ井《い》を鑿《うが》ちて飲《の》み田《た》を耕《たがや》して食《く》らふ帝力《ていりょく》何《なん》ぞ我《われ》に有《あ》らんや」と。堯《ぎょう》立《た》ちて七十年《ななじゅうねん》、九年《くねん》の水《みず》有《あ》り。鯀《こん》をして之《これ》を治《おさ》めしむ。九載績《きゅうさいせき》あらず。堯《ぎょう》老《お》いて勤《つと》めに倦《あぐ》む。四岳舜《しがくしゅん》を挙《あ》げて、天下《てんか》の事《こと》を摂行《せっこう》せしむ。堯《ぎょう》の子《こ》丹朱不肖《たんしゅふしょう》なり。乃《すなわ》ち舜《しゅん》を天《てん》に薦《すす》む。堯崩《ぎょうほう》じ、舜位《しゅんくらい》に即《つ》く。

【現代語訳】

堯《ぎょう》（陶唐氏《とうとうし》）は帝・嚳《こく》の子。その仁は天のように広く、神のような知恵者で心は太陽のように温かく、雲が大地を覆って恵みをもたらすように偉大であった。平陽《へいよう》の地に都を置き、宮殿の屋根は茅葺《かやぶき》で端を切りそろえておらず、宮殿の階段は土で築いた三段だけだった。

堯が天下を治めて五十年が経ったが、本当に天下泰平であるのかそうではないのか、民衆は自分が帝であることを願っているのかそうではないのかわからなかった。側近に聞いてもわからず、民間人に聞いてもわからず、知識人に聞いてもわからなかった。そこで目立たない服装をして大通りを歩いてみると、このような童謡が聞こえた。

「私たちが無事に生活できるのは、帝のこの上ない徳のおかげです。知らず知らずのうちに、帝の手本に従っています」

と。（堯はこれを聞いても安心できなかった）また、老人がいて食べ物を頬張って腹つづみをうち、足で地面を踏み鳴らして拍子をとりながら、このように歌っていた。

「日が昇れば田を耕して、日が沈めば休む。水が飲みたければ井戸を掘って飲み、食べ物を食べたければ田を耕す。帝の力がどうして私に関わりがあろうか。いや、ない」

と。（堯はこれを聞いて民衆が真に平穏に暮らしていることを知り、ようやく安心した）

堯が天下を治めて七十年経ったころ九年間洪水が続いた。鯀《こん》にこれを治めさせようとしたが功績が上がらない。年老いた堯は政治に疲労した。四岳《しがく》（諸侯の統率者）は舜《しゅん》を推挙して天下の政治を代行させた。堯の子である丹朱《たんしゅ》は親に似ず愚か者だったからである。そこで舜を帝の後継者とした。堯は崩御《ほうぎょ》して、舜が即位した。


【超要約】

民が為政者のお蔭と思わず平和を謳歌するのは、天下泰平の証。

の解説はP99をご覧ください

●甲府徳川家・綱豊への冷遇

ここで一度、六代将軍の座をめぐる人間関係を整理しよう。三代将軍・家光《いえみつ》の長男は四代将軍・家綱《いえつな》で、家光の次男・亀松《かめまつ》は早世。三男の綱重《つなしげ》と四男の綱吉《つなよし》は徳川将軍家（宗家）から分家してそれぞれ甲府《こうふ》徳川家、館林《たてばやし》徳川家の当主になった。余談ではあるが、『徳川《とくがわ》幕府家譜《ばくふかふ》』によると亀松が次男、綱重が三男であるが、『江戸幕府日記』などに記載された時系列でみると綱重が次男、亀松が三男ということになる。いずれにしても、亀松は早世し、残る綱重と綱吉が分家してそれぞれ甲府徳川家、館林徳川家の当主になった。

綱重と綱吉は何かと張り合うライバル関係。また、綱重の母・順性院《じゅんしょういん》と綱吉の母・桂《けい》昌院《しょういん》はともに京都の庶民出身で家光の側室になった人で、家光存命中から大奥で熾烈な派閥争いをくり広げて、お互い一歩も譲らなかった。

つまり、両家はすこぶる仲が悪かった。

四代将軍・家綱が亡くなった時には既に綱重が亡くなっていたため、館林徳川家の綱吉が五代将軍になったが、綱吉の長男・徳松《とくまつ》は早世（P77）。綱吉に跡継ぎが生まれなければ、次の六代将軍は綱重の息子で甲府徳川家当主の綱豊《つなとよ》（後の家宣《いえのぶ》。綱吉の甥）というのが筋である。

だが綱吉は、それだけは絶対に嫌だった。綱吉が実子誕生に執着し「生類憐みの令」を連発した背景には、甲府徳川家にだけは絶対に将軍の座を譲りたくない、という私情が大いに関係していたのだ。このため綱吉は甥の綱豊を徹底的に冷遇した。

綱豊の冷遇人生は生まれた瞬間から始まる。父・綱重の長男として生まれたのに、母の身分が低いことを理由に出生が無かったこととされ、家臣の家に引き取られて養育されたのだ。ただその後も綱重に男子が生まれなかったことから、9歳の時には後継者として実家に連れ戻されて、養父は幽閉された。つまり今度は、養子に出した事実が無かったことにされたというわけだ。

幼少期から父・綱重の都合で振り回された綱豊の心の拠り所になったのは学問だった。ただ綱吉のように儒学を偏執的に愛好したのとは違い、綱豊の場合は他の教養科目、たとえば日本の古典や和歌、書などにもまんべんなく親しんだうえで、とりわけ熱心に取り組んだのが儒学であった。

何事にも偏りすぎない公平感を持ちつつ、その時々に最適なものを見極める姿勢というのは綱豊を特徴づける個性である。

●熱血先生・新井白石との日々

綱豊が17歳の時に父・綱重が亡くなり、甲府徳川家当主となってからは儒学をより本格的に学びたいと願うようになった。儒学は理想の人間社会を創るための学問だ。自身が領民にとって理想の主になるためには、より精度の高い教育を受ける必要があると考えたのだろう。

32歳の時には、儒学界の最高峰である大学頭・林鳳岡に林家の教師の斡旋《あっせん》を願い出た。しかし林鳳岡はこれをバッサリ拒絶する。甲府徳川家に関わることで、綱吉の不興《ふきょう》を買うことを恐れたのだ。綱吉政権下では、**甲府徳川家の綱豊はとにかくアンタッチャブルな存在**だった。

気を取り直して儒学者の**木下順庵**《きのしたじゅんあん》（🔑1）に相談したところ、紹介されたのが新井白石だ。白石は明暦の大火の翌日に避難所で生まれた。父が浪人と士官をくり返し、生活苦で母と妹を亡くしたこともあり、自分は学問で身を立てようと儒学を修めた苦労人だ。また、生真面目な性格で理屈に合わないことがあると、眉間に火の字のしわを寄せて烈火のごとく怒ったため、ついたあだ名が「火の児《こ》」というほどの熱血漢である。

綱豊はこの新井白石を、出自の低さにこだわらず学問の師匠として敬った。講義の際は身なりを整え、いつも礼儀正しく静かに耳を傾けた。ある時は風邪をひいてしきりに鼻水が出たが、講義の邪魔にならないよう顔を外に向けて懐紙《かいし》でそっとぬぐい、また向き直って熱心に聴講したという。新井白石はこのような綱豊の人柄にほれ込み、

「**我君をして堯舜の君となして此民をして堯舜の民たらしめんとおもひのぞむにあり**（私の願いは貴方《あなた》に堯舜《ぎょうしゅん》のようになっていただき、人々を堯舜の民のようにしたいということなのです！）」

と宣言した。堯舜というのは儒学が理想とする古代中国の伝説上の帝王、堯と舜のこと。冒頭で紹介した『十八史略』の〝**鼓腹撃壌**《こふくげきじょう》（🔑2）〟のエピソードでもよく知られているように、〝徳〟をもって〝仁政〟を行い天下泰平をもたらしたとされている。〝仁政〟というのは恵み深く思いやりある政治のことで、儒学で最も重視される為政者の政治姿勢だ。『孟子』にも次のような一節がある。

飢者易為食、渇者易為飲。孔子曰、徳之流行、速於置郵而傳命。當今之時、萬乘之國行仁政、民之悦之、猶解倒懸也。故事半古之人、功必倍之、惟此時為然。

（『孟子』公孫丑上より）

飢えた人は食べものや飲みものを選ばない。孔子も「徳が天下に伝わるのは、早馬で命令を伝えるより速い」とおっしゃった。（人々が虐政《ぎゃくせい》に苦しむ）今、戦車1万輌を持つほどの大国が〝仁政〟を行ったら、人々は逆さ吊りの拷問による苦しみから解き放たれたように喜ぶだろう。昔の人の半分の苦労で倍の成果が得られる。今がその絶好の時だ。という意味だ。

新井白石は綱豊がいつか将軍になることを見据え、〝仁政〟の象徴である堯舜のようになってほしいと期待した。過剰な「生類憐みの令」で人々を苦しめる綱吉に跡継ぎが生まれる気配はなく、綱豊が将軍になる可能性は年を追うごとに高まっていた。この状況を綱豊は冷静に受け止め、冷遇されても卑屈にならず、いずれやってくるであろう、その時にそなえ、熱血先生・新井白石と一丸となって儒学に邁進した。

宝永元年（1704）、綱吉は周囲の説得もあり、ついに甥の綱豊を後継者と認めた。綱豊は家宣と名を改め将軍世《せ》子《し》となる。宝永6年（1709）には綱吉が死亡。家宣は48歳にして六代将軍となった。

遅咲きスタートだが全力出走の準備は十二分にできてい

る。真っ先に着手したのが「生類憐みの令」の廃止だ。ただ、この法令群の根本理念である弱者救済自体を否定したわけではなく、「捨て子禁止令」などは継続することとした。

「捨て子禁止令」は、世界で初めての子どもの人権を守る法令である。

江戸時代の初めごろは、生んだけれど育てられないなどの理由で捨て子が当たり前のようにいて、社会問題になっていた。そこで綱吉が出した法令が、「捨て子は禁止する。養育できない理由があれば、地域に報告せよ。親が育てられないなら、その地域で責任をもって養え。捨て子をすれば必ず罰する」というもの。社会的に最も弱い存在に光を当てて保護したのである。この理念に共感しない人はいないだろう。

家宣は、「生類憐みの令」のヤリスギた部分は廃止し、社会的に必要とされる「捨て子禁止令」は継続したのだ。ここにはまた、偏りすぎない公平感、最適なものを見極めようとする姿勢が感じられる。

さらに先代の治世下で有罪となった案件を連日徹夜で吟味し、8831人に対して大赦《たいしゃ》の判断を下した。その中には「生類憐みの令」違反の罪で勾留されていた人もいたし、赤穂事件に連座した人たちもいた。御家御取り潰しとなった赤穂浅野家は旗本として再興が許され、赤穂浪士の遺児で遠島《えんとう》を申し付けられた者についても赦免となった。

●志半ば……インフルエンザで逝く

続いて取りかかったのが財政再建である。先代の散財癖に加え、金山からの金の産出量も減り、元禄大地震に富士山の噴火などの復興予算もかさんで、幕府の貯金は底をついていた。そのようななかで家宣が重用したのが勘定奉行《かんじょうぶぎょう》・荻原重秀《おぎわらしげひで》である。彼は、

「貨幣は国家が作る所、瓦礫をもってこれに替えるといえども、まさに行うべし（貨幣《かへい》は国が作るものだ。たとえ瓦礫《がれき》を貨幣の代わりにするとしても貨幣改鋳《かいちゅう》を行うべきである）」

という現代の管理通貨制度に通ずる経済感覚の持ち主で、綱吉政権下で貨幣改鋳を行い、その差益《さえき》金をあてることで放漫財政を持ちこたえさせていた。

ただこの考え方は先駆的すぎて、当時はまったく理解されなかった。荻原本人に人望も無かったため、新井白石などは諸悪の根源として荻原を容赦なく弾劾する。しかし家宣は、

「**才ある者には徳あらず、徳ある者には才あらず、真材誠に得難し**（才能がある人には徳がなく、徳がある人には才能がない。両方を兼ね備えた真の人材を得るのは実に難しい）」

と言って、白石の意見を退けて荻原重秀を用い続け、さらに薬や織物など輸入に頼っていた物品の国産化を命じて、内需拡大による経済の健全化に取り組んだ。

とはいえ、決して白石を軽んじていたわけではなく、政治に積極的に関与させている。たとえば白石は、朝廷と幕府の関係を融和して将軍権威を高めるために**閑院宮家**《かんいんのみやけ》（🔑3）を創設。また、日朝外交の対等化のため、国書の中で徳川将軍のことを「日本国大君《たいくん》」と号していたのを「日本国王」と改めることとした。「大君」は朝鮮では王子のことを指すため、「大君」よりも上の地位を意味する「国王」を使うのが妥当であるというわけだ。さらに、莫大な費用が掛かる**朝鮮通信使**《ちょうせんつうしんし》（🔑4）の対応も簡素化し、100万両ともいわれた接待費を60万両にまで削減。そして自作の詩集『白石詩草《はくせきしそう》』を土産として持ち帰らせ、日本に白石のような優れた学者がいることを知らしめた。

家宣はこのように能力に応じた公平な人事で適材適所の人材配置を行い、効果の最大化を図ったのだ。家宣の治世において、まさに堯舜を思わせる仁政が開花しようとしていた。

そんな矢先に病魔が家宣を襲う。症状からしてインフルエンザと考えられている。特効薬がない当時、インフルエンザは罹《かか》れば命を落とす病だった。死期を悟った家宣は、混乱を避けるため、重臣宛てに自らの死後の諸対応について細かく指示する遺書を数通認《したた》めた。そのなかにある「在世の日短くしてその志遂げざる事」という一言が、志半ばで逝く家宣の無念を物語っている。しかし周囲の人たちになるべく心配をかけまいと「こんな心配をして、治った後に笑いの種になるな」と最期までカラ元気を装って亡くなった。享年51。

◆家宣と仁政　キーワード

※88ページからの文中の🔑と対応しています

🔑(1)木下順庵《きのしたじゅんあん》

藤原惺窩の門人で京学派の松永尺五《まつながしゃくご》に学んだ人。拠点を京都に構えたまま加賀藩に出仕し、江戸でも名声が高まって幕府に仕えた。教育者としてすぐれ、新井白石、室鳩《むろきゅう》巣《そう》、雨森芳洲《あめのもりほうしゅう》ら数多くの儒学者を輩出し、その門流は木門《もくもん》と呼ばれる。

🔑(2)鼓腹撃壌《こふくげきじょう》

仁政がゆきとどき、民が天下泰平を享受すること。古代中国の皇帝・堯の時代に老人が腹つづみを打って平和な暮らしへの満足を歌ったという『十八史略』などの故事が由来。

🔑(3)閑院宮家《かんいんのみやけ》

伏見《ふしみ》、桂《かつら》、有栖川《ありすがわ》の三家に加えられた親王家。当時の皇室は後継問題から皇統《こうとう》断絶が危ぶまれていた。新井白石は新たな親王家として閑院宮家を創設して安定化を図った。

🔑(4)朝鮮通信使《ちょうせんつうしんし》

朝鮮王朝（李氏《りし》朝鮮）が日本に派遣した使節団。江戸時代には主に将軍の代替わりの際などに来日した。通信使一行は３００人から５００人で構成され、日本国内を往来する際の交通費や宿泊費、饗応費《きょうおう》はすべて日本側が負担した。

儒学者が担った歴史編纂事業

文治政治が浸透するのと比例して盛んになったのが、儒学者による歴史書の編纂です。本来戦うことが仕事であった武士にとって、最大の活躍の場である戦場は天下泰平の時代が訪れたことで消滅しました。それでも武士がその他の身分の上に立つ支配階級としての地位を保つためには、人々から尊敬される存在であり続けることが重要でした。武家社会全体にその自覚をうながすためにも、儒学を広めることは急務だったのです。

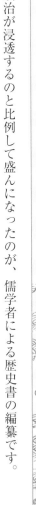

そして儒学を重んずる幕府や各大名家は、自身の支配の正統性を示すため、また為政者の〝徳〟がいかに時の政権の盛衰を左右したかを過去の事実から明らかにし、儒学の有用性を証明するために歴史書の編纂に取り組みました。その中心となったのは儒学者です。

幕府では四代将軍・家綱の時に**林羅山**とその息子・**林鵞峰**による『本朝通鑑《ほんちょうつがん》』が編まれました。同じころ水戸藩の**徳川光圀**は歴史編纂に特化した彰考館（P56）を置き『大日本史《だいにほんし》』の編纂事業を開始します。元禄十四年（1701）には甲府徳川家当主の綱豊（のちの六代将軍・家宣）が、**新井白石**に全国の大名の来歴を記した歴史書の編纂を命じました。時期的に、綱豊は自身が将軍になる日が近いことを確信し、諸大名の由緒を詳細に把握しておきたいと考えたのでしょう。綱豊は本書を『藩翰譜《はんかんふ》』と命名します。幕府を中国の王朝になぞらえ、諸大名をその藩（かきね）と翰（幹）、つまり国の柱とみなしたタイトルです。

　儒学者による歴史編纂事業はその後も盛んに行われ、さまざまな歴史書が生まれて多くの人に読まれ、明治維新にも影響を与えました。

儒学こぼればなし

『藩翰譜』制作秘話

家宣は自分が将軍になる日が近いことを見据えて『藩翰譜』編纂を命じた。
時は来た
それだけだ
新井白石は雌伏《しふく》の主の運命がついに動き出したことをことの外喜び、
うっ……うれしいっ……!!!
白石感激
1600年の関ヶ原の戦いから80年余りの大名337家の家伝を猛烈な勢いでまとめ、
シュババッ
本人曰く、「100年分の勢力の半分」を使い果たし、起稿からわずか3ヵ月で脱稿にこぎつけた。
藩翰譜

師弟の熱い思いの結晶です

七代　家継《いえつぐ》と礼儀《れいぎ》

◆治世を象徴する儒学の教え――――出典／『**論語《ろんご》**』巻六　顔淵《がんえん》第十二（克己復礼《こっきふくれい》）

【原文】

顔淵問仁。子曰、克己復禮爲仁。一日克己復禮、天下歸仁焉。爲仁由己。而由人乎哉。顔淵曰、請問其目。子曰、非禮勿視、非禮勿聽、非禮勿言、非禮勿動。顔淵曰、回雖不敏、請事斯語矣。

【読み下し文】

顔淵《がんえん》仁《じん》を問《と》う。子曰《しいわ》く、己《おのれ》に克《か》ちて禮《れい》に復《かえ》るを仁《じん》と爲《な》す。一日己《いちじつおのれ》に克《か》ちて禮《れい》に復《かえ》れば、天《てん》下《か》仁《じん》に歸《き》す。仁《じん》を爲《な》すは己《おのれ》に由《よ》る。人《ひと》に由《よ》らんや。顔淵曰《がんえんいわ》く、其《そ》の目《もく》を請《こ》ひ問《と》ふ。子曰《しいわ》く、**礼《れい》に非《あら》ざれば視《み》ること勿《な》かれ、礼《れい》に非《あら》ざれば聴《き》くこと勿《な》かれ、礼《れい》に非《あら》ざれば言《い》うこと勿《な》かれ、礼《れい》に非《あら》ざれば動《うご》くこと勿《な》かれ**（1→P110）。顔淵曰《がんえんいわ》く、回《かい》、不敏《ふびん》なりと雖《いえど》も、請《こ》ふ斯《こ》の語《ご》を事《こと》とせん。

【現代語訳】

顔淵が仁とはどういうことかと質問した。孔子はこう言われた。

「自分の欲や私情に打ち勝って、礼儀正しく振る舞うことが仁（他者への愛）である。一日でも自分に打ち勝って礼に立ち返り、他人に対する敬意を尽くせば、その仁に人々がしたがうようになるだろう。仁を実践するのは自分であるから、他人が行うことはできない」

顔淵はさらにどうか具体的な項目を教えてくださいと言った。孔子はこう答えた。

「礼《れい》に適っていなければ見てはいけない、礼に適っていなければ聞いてはいけない、礼に適っていなければ言ってはならない。礼に適っていなければ行動してはならない」

顔淵は言った。

「私は至らない者ですが、このお言葉を一生大事にしようと思います」

【超要約】

礼儀正しく振る舞うことは〝仁〟（他者への愛）。

の解説はP110～111をご覧ください

●最年少将軍と「えち」

六代将軍・家宣の急逝により、家宣の息子・家継が数え5歳（満年齢だと3歳9ヵ月ほど）で七代将軍となった。現代ならば幼稚園の年少さんの年ごろ。歴代徳川将軍のなかでぶっちぎり最年少である。

『**兼山麗沢秘策**《けんざんれいたくひさく》』（2）によると、家継は幼いながら〝仁〟（他者への愛）にあふれた性格で、人に物をあげるのを好んだというエピソードが複数ある。

ある時は、食事の最中に、「かもんじいは食事をすませたかな？」と言って、早退した老臣・井伊直治《いいなおはる》（官職名が掃部頭《かもんのかみ》のため家継は「かもんじい」と呼んだ）を気遣い、「もし食事をしていなかったらこれを食べさせてあげて」と言って、自分が少し箸をつけた鱚《きす》の焼き物を屋敷まで運ばせた。自分が美味しいと思ったものを、かもんじいにも食べさせたいと思ったのだろう。

またある時は、自分のもとに大名が挨拶に来れば、近くに置かれている道具箱から鼻紙や巾着をとりだしてプレゼント。老臣たちがやって来れば、張り子人形をプレゼントした。

さらに、その態度は〝礼〟に適ったものだったという逸話も目を引く。**日光山輪王寺宮《りんのうじのみや》(3)**が家継に御宮修理の報告に来た時のこと。面会を終えて退出する輪王寺宮が深く頭を下げると、家継はすこし会釈をしてこれに応えたという。これがあまりに気品にあふれ、大人でもこうはいかないだろうというほど完璧な礼儀作法だったから、目撃した家臣たちは感涙を禁じ得なかったという。

儒学では〝仁〟(他者への愛)と同じぐらい〝礼〟を重視する。**孔子が教えの根本に置いたのが〝仁〟だが、それと同じぐらい重要なのが〝礼〟**なのだ。冒頭の『論語』の一節でも紹介した通り〝仁〟が態度として外面に現れたのが〝礼〟であり、いくら〝礼〟に適った行動をとっても〝仁〟がなければ意味はなく、またいくら〝仁〟があってもそれが〝礼〟として態度に現れないと意味がないとされる。

『礼記』という礼儀に特化した経書もあり、次のように記されている。

凡人之所以為人者、礼儀也
(人が人たる所以《ゆえん》は礼儀にある)

(『礼記』冠儀《かんぎ》より)

このため儒学では〝仁〟と〝礼〟両方を兼ね備えるのが理想とされていた。この点でいうと、儒学を重んじた父・家宣や新井白石の躾《しつけ》によるものか、はたまた天性のものなのか、家継は将軍として理想的な資質の持ち主だった。

ただいかんせん、幼い。父が急逝したショックは大きく、家臣が家継を連れて生前に家宣が使っていた部屋に連れていくと、父と交わした言葉を思い出し、うなだれてふさぎ込んでしまったという。

また、江戸城の能舞台で遊んでいる時に「えち、えち」と、間部詮房《まなべあきふさ》（官職名が越前守《えちぜんのかみ》のため家継は「えち」と呼んだ）を呼び、「ととぽむ、ととぽむ」と言った。これは鼓《つづみ》の音である。能が趣味の父・家宣が、生前に鼓の音にのせて舞を楽しんでいたことを思い出したのだ。将軍としてはあまりにあどけないエピソードである。

間部詮房は、もとは**能役者の卵**（🔑4）という異色の経歴の持ち主で、甲府徳川家の当主時代に家宣の知遇《ちぐう》を得て小姓《こしょう》（側近）となった。家宣が将軍になると**老中格側用人**《ろうじゅうかくそばようにん》（🔑5）に昇進するという、芸能出身者としては異例の出世を果たしているから、格別の寵愛《ちょうあい》を受けていたといえる。

こういうと権力者に取り入って立身出世を計った奸臣《かんしん》と誤解されそうだが、まったくそうではない。さまざまな史料から、間部詮房は家宣のお気に入りだからといって決して驕《おご》ることなく精勤《せいきん》し、家宣が将軍になってからは年に3~5回しか自宅に戻らない滅私奉公《めっしぼうこう》ぶりであったことがわかっている。新井白石も詮房の性格を「学は無いが性格が抜群によく、伝え聞く中国の君子にも劣らない」と絶賛したほどだ。

とにかく責任感が強く真面目な性格で、家継が将軍になってからは、さらに精勤ぶりに磨きがかかり、一度も自宅に戻らず江戸城で寝起きをして幼君を支えた。

だからといって家継のことを無暗《むやみ》に甘やかしたりはしなかった。ダメなものはダメと叱ったから、家継がぐずった時には「えちが来ましたよ」と言うと、聞き分けがよくなったという。ただ、詮房が外出先からの帰りが遅い時などは、家継は庭まで出て行き、顔が見えると「えち、かえったか!」と言って大喜びし、抱きかかえられて部屋に戻っていった。家継にとって詮房は、まるで二人目の父のような、信頼できる存在だったのだろう。

家継は儀式の時なども、間部詮房の膝の上にのってやっとその役目をこなすという具合であったから、政治に関わることは不可能であった。このため政治を主導したのは、先代から絶大な信頼を寄せられた新井白石である。白石は間部詮房とも連携してさまざまな改革を行った。

●「正徳《しょうとく》の治」～儒学が理想とする仁政

新井白石が力を入れた政策の一つが貨幣改鋳だ。当時流通していた元禄金銀および宝永金銀は、勘定奉行・荻原重秀の貨幣改鋳により鋳造されたものだった（P97）。

金貨や銀貨に不純物を混ぜて、金と銀の含有量を大幅に減らした品質の低い貨幣だが、一枚の貨幣に使う金と銀は少なく済み、その分製造枚数を増やすことができる。こうして得られる益金《えききん》（出目《でめ》）で、幕府の財政収入を補填《ほてん》していた。

貨幣の価値が下がった分インフレになったが、商業も急成長していたため経済政策としてはおおむね上手くいっていたと現代では評価されている。

しかし、白石はそうは思わなかった。儒学には〝**正名**《せいめい》〟思想（6）があり、金貨は金によって、銀貨は銀によって造られるのが正しい姿であり、不純物が混ざったものはその価値が認められないという認識だったからだ。

不純物が混ざった粗悪な貨幣の流通は、白石自身の言葉によると「天地神明が憎み嫌うこと」という最低の悪事だった。このころ大規模天災が頻発したことも、荻原重秀の貨幣改鋳が原因で神々がお怒りであると本気で考えていたらしく、ヘイトに拍車がかかった。

白石は3度も弾劾文を家宣に提出し、3度目には9200字余りの長文で「このまま重秀を重用するなら私が殺します！」と訴えて、ついに重秀を罷免《ひめん》に追い込むことに成功する。これが家宣の死の1ヵ月前の出来事だ。すごい執念である。

その後に白石が行ったのが、貨幣の質を荻原重秀の貨幣改鋳前に戻すこと。金銀をたっぷり使った良質な貨幣・正徳金銀《しょうとくきんぎん》の鋳造である。しかし肝心の金・銀の産出量が枯渇《こかつ》していたため発行できる貨幣の量が減り、経済成長もストップ。深刻なデフレに陥った。

このように経済に関しては思うような成果は出なかったが、白石は他にも、長崎貿易継続のための**海舶互市新例**《かいはくごししんれい》（🔑7）を定めたり、裁判を公正かつ迅速に行えるよう人事を再編し、幕府の最高裁判機関である評定所《ひょうじょうしょ》を改革。一般庶民の裁判にも白石自身が積極的に介入して公平な判決に導くなどした。

一介の儒学者が政治のトップに立ち、儒学の思想を政治の世界に全面的に持ち込んで辣《らつ》腕《わん》をふるった例というのは、日本史上、後にも先にもこの時代しかない。**白石が活躍した六代将軍・家宣、七代将軍・家継の治世は、まさに儒学が理想とする仁政が敷かれた時代として、その年号から「正徳の治」と讃えられている**。

ただし、「正徳の治」は長くは続かなかった。生来病弱だった家継が、風邪をこじらせて肺炎になり、そのまま亡くなってしまったのだ。享年8。

◆家継と礼儀　キーワード

※102ページからの文中の🔑と対応しています

(🔑1)礼《れい》に非《あら》ざれば視《み》ること勿《な》かれ、礼《れい》に非《あら》ざれば聴《き》くこと勿《な》かれ、礼《れい》に非《あら》ざれば言《い》うこと勿《な》かれ、礼《れい》に非《あら》ざれば動《うご》くこと勿《な》かれ

「見ざる、聞かざる、言わざる」のいわゆる三猿の由来という説があり、国によっては四猿で表現される。

(🔑2)『兼山麗沢秘策《けんざんれいたくひさく》』

金沢の儒学者・青地《あおち》兼山と麗沢兄弟が、師匠の室鳩巣から送られた書簡を中心に編集した書簡集。幕府や藩の政治から、城中の行事、大名の行動まで、幕府の深奥部《しんおうぶ》の動向が書かれている。

(🔑3)日光山輪王寺宮《りんのうじのみや》

承応3年（1654）に、後水尾《ごみずのお》天皇の第三皇子の守澄法親王《しゅちょうほっしんのう》が、日光山（東照宮、二荒山神社、輪王寺の総称）および東叡山《とうえいざん》（寛永寺）の住職となり、明暦2年（1656）初代輪王寺宮となった。以来、幕末の公現法親王《こうげんほっしんのう》に至るまで、十三代の輪王寺宮が続いた。

(4)能役者の卵

当時は、能役者を猿楽者《さるがくしゃ》と呼んだ。間部詮房の父・西田清貞《にしだきよさだ》は、喜多流《きたりゅう》の能役者と親しかったこともあり、詮房は喜多七大夫《きたしちだゆう》に弟子入りしたといわれている。ただし出演した興行の記録は残っておらず、デビュー前に仕官したものと思われる。

(5)老中格側用人《ろうじゅうかくそばようにん》

老中は幕府の政治を統括する責任者で、側用人は将軍の側近。老中格側用人は、側用人でありながら老中並みの権限を持って政治への関与が認められた人のこと。

(6)〝正名《せいめい》〟思想

儒学の概念。『論語』に〝名が不正だと、礼楽《れいがく》文化は衰微《すいび》し、刑罰は不当になる〟とあるように、物事の実態を正確に認識できるよう名を正し、名と実が一致していることを重視する考え方。

(7)海舶互市新例《かいはくごししんれい》

長崎貿易の制限令。新井白石の主張によると、日本で産出した金の4分の1、銀の4分の3が輸入の対価として海外に流出しており、金銀が枯渇。長崎貿易の継続自体が危ぶまれたことから、貿易規模を縮小する規制をかけた。

当代儒学動向

日本人のライフスタイルに合わせて独自発達

中国発祥の儒学は、江戸時代に日本社会に浸透するなかで独自発達を遂げました。たとえば儒学が重視する〝忠〟〝孝〟という徳目一つとっても、儒学発祥の地である中国では〝孝〟に、日本では〝忠〟に重きを置く傾向があるといわれています。

これは中国では自分と家族が強く結びついていて家族を大事にする傾向が強いのに対し、江戸時代の日本では家族を超えた藩や幕府、つまり、自分や家族を越えた公の組織に強く意識が向いていたから。このため中国では〝孝〟が、日本では〝忠〟が重視されたと考えられているのです。それに中国では〝孝〟は子が親に対するものなので下から上への思いを重視しますが、日本では子の親への〝孝〟はもちろん、それと同じくらい親から子への深い愛情が重視され、上下の立場が双方向に思い合う姿勢が大切にされました。

子どもの成長する環境を整えて教育をするのは親の務めと考えられていましたから、親に向けた教育の手引書も多数出版されています。なかでもベストセラーになったのが儒学者・**貝原益軒**《かいばらえきけん》の『和俗童子訓《わぞくどうじくん》』です。

このなかで有名なのは、「父の家に在りては父に従い、夫の家に行きては夫に従い、夫死しては子に従う」という〝三従〟。そして、これをやったら離縁されても仕方がないという七つの言動「①義父母に従わない　②子ができない　③淫乱である　④嫉妬深い　⑤悪い病気にかかった　⑥おしゃべりが過ぎる　⑦盗みを働く」〝七去〟でしょう。〝三従〟〝七去〟は儒学の〝礼〟に関する論文集『大戴礼記《だたいらいき》』に基づいた女子教育論です。

現代人の感覚では共感できない項目ばかりですが、『和俗童子訓』が出版されたのは宝永七年（1710）。天下泰平のなかで文化が花開き、女性たちも遊芸を楽しみ娯楽や服装にお金をかけ、家事がおろそかになって離縁が増えていました。過保護に育てられて実家離れできない女性も相当多くなり、社会問題になっていたのです。

当時は職業や社旗的《しゃきてき》な地位が、個人ではなく「家」によって存続する身分制社会ですから、離縁や未婚女性が増えれば「家」の存続が危ぶまれ、社会そのものが崩壊しかねませんでした。「家」の存続のためにも「女子はこうあるべき」という具体的指針が必要だったのです。

また『和俗童子訓』が出版された前年に徳川家宣が六代将軍に就任。新井白石が政治を担うようになって、儒学的な道徳が庶民層に浸透し始めた時期でもあります。

そこで儒学者である益軒は、『和俗童子訓』を通じて世の親の女子に対する過保護を戒め、幼いころから家庭内での躾が大事であること。また家事だけでなく、読み書き算盤《そろばん》と儒学道徳を教えるべきだと力説。こうした文脈の中で家庭円満の秘訣として例に挙げたのが〝三従〟なのです。〝七去〟も②と⑤の項目に関しては本人にはどうしようもないことだが、他は改善できるはずだから気を付けるべし、というニュアンスで書かれています。

つまり必ずしも中国の儒学道徳をそのまま実践するのではなく、日本人のライフスタイルに合わせて柔軟に取り入れようというスタンスだったのですね。

儒学こぼればなし

日本化する儒学

中国大陸で生まれた儒学は、5世紀ごろには日本にもたらされたと考えられているが、
ハニワだよ
古墳時代
本格的に発達したのは江戸時代で、当時のライフスタイルに合わせて日本化した。
てやんでぃ べらぼうめ
たとえば儒学には親が死ねば子は必ず三年喪に服すべしとする〝三年喪〟がある。
チーン
しかし貝原益軒は『養生訓』のなかで、
日本人は胃腸が弱いから
三年も喪に服すのは体に悪い。一年でいい
と明言している。

無理なく実践できるのが大事！

第三章 広まる儒学の時代

	将軍	在位	ブレーン または側近	侍講・奥儒者など 政治の中枢に いた儒者	その他の儒者
8	吉宗《よしむね》	享保《きょうほう》元 (1716) ~約29年間	加納久通《かのうひさみち》	林鳳岡《はやしほうこう》 林榴岡《はやしりゅうこう》 林鳳谷《はやしほうこく》 室鳩巣《むろきゅうそう》 成島道筑《なるしまどうちく》	荻生徂徠《おぎゅうそらい》 雨森芳洲《あめのもりほうしゅう》 青木昆陽《あおきこんよう》 三宅石庵《みやけせきあん》 石田梅岩《いしだばいがん》 太宰春台《だざいしゅんだい》
9	家重《いえしげ》	延享《えんきょう》2(1745) ~約15年間	大岡忠光《おおおかただみつ》 田沼意次《たぬまおきつぐ》	林榴岡 林鳳谷 成島竜州《なるしまりゅうしゅう》	手島堵庵《てじまとあん》 中沢道二《なかざわどうに》 海保青陵《かいほせいりょう》
10	家治《いえはる》	宝暦《ほうれき》10(1760) ~約26年間	田沼意次	林榴岡 林鳳谷 林鳳潭《はやしほうたん》 成島衡山《なるしまこうざん》	
11	家斉《いえなり》	天明《てんめい》7 (1787) ~約50年間	松平定信《まつだいらさだのぶ》 水野忠成《みずのただあきら》	林錦峯《はやしきんぽう》 林述斎《はやしじゅつさい》 成島司直《なるしまもとなお》	二宮尊徳《にのみやそんとく》 尾藤二洲《びとうにしゅう》 頼山陽《らいさんよう》 藤田幽谷《ふじたゆうこく》 会沢正志斎《あいざわせいしさい》

八代　吉宗《よしむね》と実学《じつがく》

◆治世を象徴する儒学の教え——出典／『中庸《ちゅうよう》』章句

【原文】

子程子曰、不偏之謂中、不易之謂庸。中者天下之正道、庸者天下之定理。此篇乃孔門伝授心法。子思恐其久而差也、故筆之於書、以授孟子。其書始言一理、中散為萬事、末復合為一理。放之則弥六合、巻之則退蔵於密。其味無窮。皆実学也。善読者、玩索而有得為、則終身用之、有不能尽者矣。

【読み下し文】

子程子《していし》曰《いわ》く、偏《かたよ》らざるを之中《これちゅう》と謂《い》い、易《か》わらざるを之庸《これよう》と謂《い》う。中《ちゅう》は天下《てんか》の正道《せいどう》にして、庸《よう》は天下《てんか》の定理《ていり》なり。この篇《へん》は乃《すなわ》ち孔門伝授《こうもんでんじゅ》の心法《しんぽう》なり。子思《しし》其《そ》の久《ひさ》しくして差《たが》わんことを恐《おそ》る。故《ゆえ》に之《これ》を書《しょ》に筆《ひっ》しもって孟子《もうし》に授《さず》く。その書始《しょはじ》めは一理《いちり》を言《い》い、中《なか》は散《さん》じて万事《ばんじ》と為《な》し、末《すえ》は復《ま》た合《あ》わして一理《いちり》と為《な》す。これを放《はな》てば則《すなわ》ち六合《りくごう》に弥《わた》り、これを巻《ま》けば則《すなわ》ち密《みつ》に退蔵《たいぞう》す。その味《あじ》わい窮《きわ》まりなし。皆実学《みなじつがく》なり。善《よ》く読《よ》む者《もの》、玩索《がんさく》して得《う》るあらば、則《すなわ》ち終身之《しゅうしんこれ》を用《もち》いて尽《つ》くす能《あた》わざる者《もの》あらん。

【現代語訳】

程子《ていし》（程明道《ていめいどう》と程伊川《ていいせん》の兄弟）がおっしゃった。「どちらにも偏らないことを〝中《ちゅう》〟といい、長く変わらないものを〝庸《よう》〟という。〝中〟は天下が実践すべき正しい道であり、〝庸〟は天下が従うべき必然の定理である。この『中庸』の本は、孔子の門下が伝授してきた心に関する正しい教えだ。子思（孔子の孫）はこの教えが長い時間が経つ間に、本来のものと変わることを恐れ、この教えを書き記して弟子の孟子に授けた。この書物は初めに一理を説明し、半ばでは万事を語り、最後はまた統合して一理と為している。この内容を広げれば宇宙に行き渡り、閉じてしまえば秘密の教えとなって世から消える。その味わいは極まりない。これはすべて実学（現実社会で役立つ学問）だ。よく熟読してその真意を得たら、一生にわたって用いても用い尽くすことはできないだろう」

【超要約】

儒学は一生役に立つ、実学（現実社会で役立つ学問）である。

🔑の解説はP128〜129をご覧ください

●まさか私がリーダーに!?　紀州藩主就任

七代将軍・家継が8歳で亡くなったことで、徳川将軍家（宗家）の血統は断絶した。これにより御三家《ごさんけ》（🔑1）から八代将軍を決めることになり、選ばれたのが紀州徳川家の吉宗である。

吉宗は紀州藩主（二代目）光貞《みつさだ》がお湯殿世話をしていた百姓の娘に手をつけて産まれた四男坊。庶民の母親から生まれたからか、源六《げんろく》という素朴な幼名がつけられた。幼少期の出来事として『兼山麗沢秘策』（P110）に次のような逸話が紹介されている。

ある時、父の光貞が子どもたちの前に刀の鍔《つば》が沢山入った箱を持って来て好きなものを取るように言った。子どもたちはそれぞれお気に入りを見つけて取っていったが、源六だけは一言もしゃべらず手も出さなかった。理由を聞くと、「兄たちが持って行った後に箱ごとすべていただきます」とのこと。光貞はその肝の太さに感心して望み通り残りの鍔を箱ごと与えた。すると、源六はその箱の中から鍔を2つずつ選んでお付きの者たちに配り、結局すべてを分け与えた。豪胆で親分肌。リーダーの資質は充分だったようだ。

しかし何しろ源六は庶子《しょし》の四男である。出世は見込めず、周囲はもちろん、本人ですら将来に期待していなかった。このため、いい意味で放任されて成長する。家来を引き連れて自ら猪や鹿を狩るのが趣味となり、野山を駆け回ることで自然と身体能力が向上しスポーツ万能の健康優良児になった。

14歳の時、名を頼方《よりかた》と改めて葛野《くずの》藩（福井県）3万石の藩主となったが、ここで出世は頭打ち。地方の小領主として生涯を終えるはずだったが、22歳の時に父や紀州藩主を継いだ兄たちが相次いで病死し、くり上がりで紀州藩主（五代目）となり、名を吉宗《よしむね》と改めた。

そして**このころから儒学を学び始める。**『徳川実紀』によると、吉宗は子どものころから武術は一通り極めたが、儒学には触れてこなかった。**儒学は徳川家康以来、将軍家（宗家）を筆頭に親戚筋の徳川家や松平家の次期当主、大名家の次期当主であれば少年期に学ぶことが慣例になっていた、いわば帝王学だ。**しかし吉宗の場合は自身も周囲も大封《たいほう》の主になることは想定しておらず、ほぼ儒学に触れることなく成人した。それが、葛野藩3万石ならいざ知らず、紀州藩55万石の主となったのである。家臣や領民の数は桁違いに多く、責任も重い。

紀州藩主になった吉宗は、藩邸に林鳳岡や木下菊潭《きくたん》（木下順庵の次男）を招いて儒学の講義を受けるようになる。『論語』『孟子』の概略をつかむために、儒学者に日本語の注釈書を作らせるなどしたというから、かなり真剣に取り組んだようだ。

●質素倹約と〝修身斉家《しゅうしんせいか》〟

現代でも責任ある立場を任された人たちがリーダー論やマネジメント法などが書かれたビジネス書を手に取るように、吉宗も自身が藩主としてどうあるべきか、儒学から学ぼうとしたのだろう。それは藁にもすがる思いであったかもしれない。なぜなら当時の紀州藩は経営破綻の危機に直面していたのだから。

吉宗が藩主に就任した当時の紀州藩は莫大な借金を抱えていた。理由の一つは光貞の嫡男で三代目紀州藩主の**徳川綱紀《つなのり》**（🔑2）が五代将軍・綱吉の娘の鶴姫を正室に迎えていたことだ。これは綱吉の紀州徳川家への信頼の証であり大変名誉なことではあったが、紀州藩の江戸藩邸は姫君のお輿入《こしい》れにあたって、屋敷の改修や綱吉が御成《おな》りになった際の接待費といった臨時出費がかさみ続けた。

さらに紀州藩の江戸屋敷は何度も火災で焼失しており、再建費用がバカにならず、父と兄が続けて亡くなったことで葬式と就任祝いの費用もその都度捻出。大干ばつや、南海トラフ型の宝永大地震による津波被害にも、莫大な復興予算がかかった。気が付けば幕府からの借金は10万両（およそ100億円）にまで膨れ上がっていた。

吉宗はつまり、瀕死の紀州藩の藩主になったというわけだ。突然、名門・紀州徳川家の命運を託されたプレッシャーは相当なものだったのだろう。父や兄は既に死去していたから相談できる人もおらず、主君としての理想像や家臣との関係、理想的な領民統治の術や模範的政治の在り方が書かれている儒学の書物に、傾倒した心情は察するに余りある。

特に吉宗に響いたのは、儒学は現実社会で役立つ学問＝〝実学〟という側面があることだった。『兼山麗沢秘策』によると、吉宗は家臣たちに今後の行動指針を書面で通達。文武両道を旨とせよとしたうえで、

「学問は身を飾る道具ではない。日々の生活のなかで実践しながら学ぶべきだ。冠婚葬祭も昔からやっているから同じようにやればよいというものではない。現在の事情に照らし合わせてより良い方法に変えてゆくように」

と、現実から乖離《かいり》した学問や儀礼をしても無意味であると諭《さと》している。

ちなみに、日々の中で儒学を実践するとは具体的にはどういうことかというと、基本となる概念が〝修身斉家《しゅうしんせいか》〟である。出典は『大学』の次の一文だ。

修身斉家治国平天下

（『大学』経《けい》一章より）

まずは自分自身の身を修めて正しい行いをして次に家庭を整える。するとやがて国が治まり天下も平和になるという意味である。では〝修身斉家〟とは具体的にどのようなことか。それは儒学を学び道徳を身に付け、節用《せつよう》＝「質素倹約《しっそけんやく》」を旨とする生活をすることだと考えられている。儒学では清貧は美徳とされた。『論語』にもこんな一説がある。

子曰「道千乗之国、敬事而信、節用而愛人、使民以時」

（『論語』巻一　学而第一《がくじ》より）

孔子がおっしゃった。国を治める心構えは、政治を慎重に行い信頼され、質素倹約を心がけ人を愛し、人民を公役で使う際には適切な時期を選ぶこと、という意味だ。徳川家康は「吝嗇《りんしょく》」と評されるほどのケチだったことで知られているが、これは本人の性格もあろうが、おそらく〝修身斉家〟のための「質素倹約」の実践という側面もあったのだ。

家康のひ孫の吉宗も、紀州藩の立て直しの中心に据えたスローガンは「質素倹約」であった。初めてのお国入りの時にも、小倉織《こくらおり》の袴《はかま》と木綿の羽織というカジュアルなファッションに身を包み、自ら「質素倹約」を実践していることをＰＲ。家臣たちの服装や生活も華美にならないよう徹底させ、庶民の模範となった。

一方で優秀な人材は身分を問わず登用し、新田開発や用水工事を行って年貢収入の大幅アップに成功。吉宗が藩主を務めた12年で幕府からの借金は完済し、14万両の貯金ができるまでになった。

こうしたなかで、徳川将軍家（宗家）の血統断絶という緊急事態が起こったのである。序列でいえば御三家筆頭の尾張徳川家から将軍が選出されてもおかしくないが、この少し前に将軍候補者の最有力であった尾張藩主（四代目）**徳川吉通**《よしみち》（🔑3）が急死し、家督を継いだ吉通の息子・五郎太《ごろうた》（五代目）も3歳で急死。吉通の弟の継友《つぐとも》（六代目）が候補者として急浮上した状態であった。そして水面下でのさまざまな駆け引きの末、最終的には吉宗が八代将軍に就任することが決まる。

候補者が相次いで死亡してトップの座に上り詰めるという奇跡が、2度も続いて吉宗は将軍になったわけだ。とんでもない強運の持ち主だったといえよう。

あまりのタイミングの良さに、吉宗や吉宗派の家臣による毒殺説があるほどだが……、本書は推理小説ではないのでこの件に関して深追いはしない。

●「享保の改革」〜スローガンは質素倹約

吉宗の将軍就任を後押ししたのは、**紀州藩の財政V字回復の実績**だ。当時の幕府財政は火の車。「正徳の治」と賞される新井白石と間部詮房による政治も財政面では思うような成果が上がらず、綱吉の代で作られた負債が持ち越されて膨れ上がっている状態だった。

そこで将軍となった吉宗が真っ先に行ったのが、新井白石と間部詮房の解任である。彼らは甲府徳川家出身の家宣の引き立てによって政治に関わるようになった「新参者」。古くから幕府に仕える老中以下、門閥譜代《もんばつふだい》の家臣たちにとっては目の上のタンコブであった。しかも危急の課題である財政問題が解決に至っておらず、幕府内には不満が渦巻いていた。吉宗は新井白石と間部詮房を政権中枢から退けることで人事の刷新感を演出し、

「自分は門閥譜代の皆様のご意見を大事にします！」

という謙虚な姿勢を打ち出した。

このため幕府内では新将軍は話せるヤツだという評判が定着してゆく。何しろ吉宗は史上初の御三家出身の将軍であるから、それこそ「新参者」なのだ。このためまずは古参の家臣を味方につけて自身の言うことを聞いてもらえる土壌を作ることに注力した。

そして自身の評判が充分に高まったところで、老中たちを呼び出してこう切り出した。
「幕府の年貢収入はいかほどか」
老中たちはこうした幕府財政に関わる基本的な質問に答えられなかった。これ以降は門閥譜代といえども吉宗のやることに口出しできなくなったという。恐るべき人心掌握術《じんしんしょうあくじゅつ》！

こうして吉宗は満を持して政治改革に着手。この改革は吉宗が将軍に就任した時の年号から「享保の改革」と呼ばれている。

享保の改革のスローガンはやはり「質素倹約」だった。**吉宗は率先して「質素倹約」を実行**し、紀州藩主時代よりもさらに素朴な着物を着用。食事も一日二食、一汁三菜として大好きな酒も、酒量を決めてそれ以上は絶対に手を付けないという徹底ぶりだったので、武士はもちろん、庶民も「上様がなさっているのだから……」と倹約令に従った。

一方、新田開発など農業を奨励して年貢収入を増加させ、幕府の財政の黒字化に成功。他にも、人材登用のために**足高《たしだか》の制**（🔑4）を定めたり、目安箱《めやすばこ》を設けて政策に庶民の意見を取り入れたり、公事方御定書《くじがたおさだめがき》を制定して合理的な司法判断がなされるようにしたりと、意欲的な政策を打ち出してそれぞれ成果を出した。

●まさに名君！　幕府中興の祖

享保の改革で見逃せないのは学問分野の発展である。吉宗がとりわけ重視したのが、やはり儒学であった。

将軍就任以降は益々儒学を重んじるようになり、傍らにはいつも経書がうず高く積まれていたという。また、自分が読むだけでなく近習にも自由に読ませ、どうしたら儒学をより世間に広められるかを、有識者とともに真剣に検討した。

そこで目を付けたのが『六諭衍義《りくゆえんぎ》』だ。本書は明の洪武帝《こうぶてい》が儒学の教えを民衆に広めるために、人として身に付けなければならない6つの教え＝**六諭【孝順父母（両親を大事にする）・尊敬長上（目上の人を敬う）・和睦郷里（近所同士仲良くする）・教訓子孫（子弟を教え導く）・各安生理（稼業にはげむ）・毋作非為（道理に従う）】**を庶民にわかりやすく解説した道徳の教科書である。

吉宗は儒学者の荻生徂徠《おぎゅうそらい》に命じてこれに訓点を施し、同じく儒学者の室鳩巣《むろきゅうそう》に漢字と平仮名まじり文による意訳でよりわかりやすい文章に仕上げ、『六諭衍義大意《たいい》』として出版して、江戸町奉行の**大岡忠相《おおおかただすけ》**（🔑5）に命じて寺子屋の師匠に配布。教科書として使われるようになった。幕府に倣う諸藩は多く『六諭衍義大意』は全国的に普及していく。

こうして儒学は庶民の初等教育現場レベルにまで深く浸透したのだ。儒学の教えをよりわかりやすく広めるという発想は、吉宗自身が大人になってから儒学に入門したため、ビギナーの気持ちがよくわかっていたからなのかもしれない。

また吉宗は〝実学〟であれば儒学だけでなく、さまざまな分野の学術研究を許容した。象徴的な出来事が、「漢訳洋書輸入の禁」緩和である。幕府はいわゆる鎖国政策によって西洋の書物の輸入を禁止していたが、吉宗はこれを緩和してキリスト教に関係のない漢訳された西洋の書物の輸入を認めた。これによってヨーロッパの最先端の学術成果や文化・芸術が日本にもたらされ、医学や天文学、地理学、兵学、絵画など、幅広い分野の研究が深まってゆく。

日本が明治維新の後、わずか20年余りで急速な近代化をとげることができたのは、「享保の改革」で行われた「漢訳洋書輸入の禁」緩和をきっかけに、西洋の学問を受容する土壌が構築されていたからなのだ。

このように吉宗は〝幕府中興の祖〟の二つ名に恥じない、まさに名君であった。

◆吉宗と実学　キーワード

※116ページからの文中のと対応しています

(1)御三家《ごさんけ》

徳川将軍家に次ぐ地位を持つ三つの有力な大名家。家康の九男・義直《よしなお》、十男・頼宣《よりのぶ》、十一男・頼房《よりふさ》がそれぞれ尾張《おわり》、紀州《きしゅう》、水戸《みと》の大名として独立。将軍家（宗家）の血統が断絶した場合はこの三家から将軍を選ぶ。

(2)徳川綱紀《つなのり》

紀州藩三代目藩主。二代目藩主・光貞《みつさだ》の嫡男。綱吉の娘・鶴姫と縁組をしたため、一時は甲府徳川家の綱豊《つなとよ》(のちの家宣《いえのぶ》)とともに六代将軍の有力候補になった。宝永二年(1705)、数え41歳で死去。

(3)徳川吉通《よしみち》

尾張藩四代目藩主。文武両道の人で、六代将軍・家宣は家継に何かあったら、次は吉通を将軍家に迎えるようにと指名した。しかし指名の翌年、饅頭《まんじゅう》を食べた直後に突然血を吐いて死亡した。享年25。

(4)足高《たしだか》の制

在職中に限り不足分の家禄(武士の給与)を幕府が支給して優秀な人材の登用を可能にした制度。もともとは幕府の役職にはそれぞれ家禄の基準があり、家禄が低いと能力があっても高い地位に就くことはできなかった。

(5)大岡忠相《おおおかただすけ》

大岡越前守忠相。旗本出身で、吉宗の将軍就任後、江戸町奉行となる。町火消の設置や小石川養生所の設立など「享保の改革」で有名な政策を実施。その後、本来1万石以上の大名しかなれない寺社奉行に、足高の制によって就任し、公事方御定書に関わった。

吉宗と儒学者たち 〜奥儒者設置

吉宗の治世ではさまざまな儒学者が活躍しました。

荻生徂徠は父が館林藩主時代の綱吉の侍医だった人ですが、綱吉の怒りに触れて江戸から追放され、母の実家の農家で苦しい生活を経験。過酷な環境のなかで儒学に目覚め、父の罪が許されて江戸に戻ると綱吉の側近の柳沢吉保に仕えるようになります。綱吉の死後に柳沢吉保が隠居すると、茅場町《かやばちょう》（東京都中央区）の自宅で私塾・蘐園塾《けんえんじゅく》を開きました。

徂徠は**山鹿素行**や**伊藤仁斎**らが主張したアンチ朱子学的傾向を発展させ、孔子や孟子よりもさらに前の時代の書物『六経《りっけい》』（六本の経書『易経』『書経』『礼記』『詩経』『楽経《がっけい》』『春秋』）の読解に力を入れるべしと主張。古い中国の文法を習得し、漢籍を読む時ももとの中国語の発音のまま読むことによって本来の意味を知ることができると考えました。この徂徠の学風は古文辞学《こぶんじがく》と呼ばれ、儒学者としての名声は高まっていきます。

ただ朱子学の系統に属する**新井白石**とは折り合いが悪く、幕府の政治に本格的に関わるようになるのは八代将軍・徳川吉宗時代になってから。徂徠は、儒学は現実社会で役立つ実学であるべきと考えていたので、実学志向の強い吉宗と波長が合ったのでしょう。吉宗の諮問に応じて幕政改革の意見を述べた『政談《せいだん》』を記すなど、享保の改革に与えた影響も大きかったと考えられています。

外交面で活躍したのは**雨森芳洲**《あめのもりほうしゅう》です。近江国《おうみのくに》（滋賀県）雨森村《あめのもりむら》の出身で、江戸に出て**木下順庵**の門下となりました。木下順庵の門下生で特に優れた10人の弟子、人呼んで〝木門十哲《もくもんじってつ》〟に数えられるほどの秀才で、やがて対馬藩《つしま》（長崎県）に仕えることになります。江戸幕府は朝鮮をいわゆる鎖国体制下にあっても、「信《よしみ》」を通わせる「通信《つうしん》の国」と位置づけ、その窓口になっていたのが九州と朝鮮半島との間に位置する対馬藩でした。

当時の朝鮮外交は主に筆談によって行われていましたが、芳洲は釜山《ぷさん》に留学して朝鮮の言葉を習得し、通訳なしでコミュニケーションがとれたといいます。ちなみに中国語も堪能。抜群の語学力を武器に外交の最前線で活躍しました。

六代将軍・家宣の在世時における朝鮮通信使の対応に関しては、同じく〝木門十哲〟の一人、新井白石が待遇の簡素化や対等外交などの諸改革を行ったため（P98）、日朝関係にも緊張が走ります。しかし、白石の失脚後は八代将軍・徳川吉宗によって朝鮮外交の方針も旧来通りに戻され、芳洲の活躍もあって日朝関係は再び円満になります。

晩年の著書『交隣提醒《こうりんていせい》』のなかで芳洲は、「互いに欺《あざむ》かず争わず真実をもって交わる」ことを旨とする「誠信外交《せいしんがいこう》（誠意と信頼による外交）」の重要性を説いています。異文化を尊重し相互理解を深めることを重視した、当代随一の国際人でした。

〝木門十哲〟の一人で新井白石の推挙で六代将軍・家宣、七代将軍・家継に仕えることになったのが**室鳩巣**です。彼は吉宗の代になっても変わらず幕府で重責を担いました。

吉宗は儒学者のなかでも特に室鳩巣を重用し、林家とともに湯島聖堂と高倉屋敷《たかくらやしき》（幕臣のための儒学教育機関）での講義を任せています。『六諭衍義大意』（P126）の関わりから見ても、儒学の教えをわかりやすく伝えることが得意な人だったのでしょう。

吉宗の時代に幕府の正式な職制として奥儒者《おくじゅしゃ》、いわば将軍の侍講《じこう》（君主に仕えて講義を行う役）が置かれるようになりますが、これに林家とともに室鳩巣が任じられており、将軍からの信頼の厚さがうかがえます。「享保の改革」を陰日向に補佐した吉宗のブレーン的存在でした。

異色の経歴を持つのは**青木昆陽**。日本橋の魚屋に生まれ、京都に出て儒学を学んで頭角を現し、江戸に戻ると町奉行・大岡越前守忠相の目にとまります。

大岡越前に「何か意見があれば申してみよ」と言われて具申《ぐしん》したのが、サツマイモの栽培でした。サツマイモは当時、その名の通り薩摩《さつま》藩（鹿児島県）をはじめとする一部の地域でしか栽培されていませんでしたが、昆陽は京都滞在中にサツマイモの存在を知り、救荒作《きゅうこうさく》物《もっ》として有効であることを見抜いていたのです。

折しも享保の大飢饉の影響で日本中が飢えに苦しんでいたので、昆陽のこの提案は、大岡越前を通じて八代将軍・吉宗の耳に入り、幕府の事業としてサツマイモの栽培が始まりました。昆陽はさらにサツマイモの栽培や貯蔵法を伝える『蕃藷考《ばんしょこう》』を記して普及に貢献。

その功績が認められ、ついに幕臣に取り立てられたのです。

儒学こぼればなし

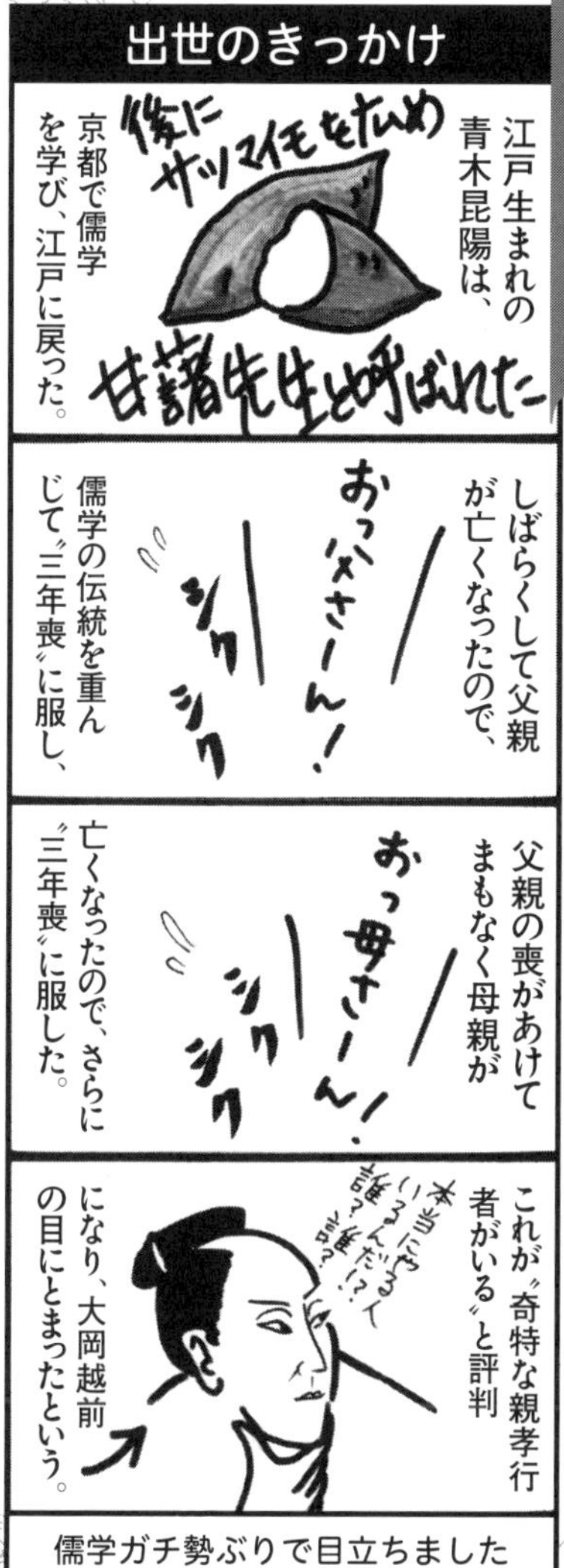
出世のきっかけ
江戸生まれの青木昆陽は、
京都で儒学を学び、江戸に戻った。
後にサツマイモをためし甘藷先生と呼ばれた
しばらくして父親が亡くなったので、
おっ父さーん!
シクシク
儒学の伝統を重んじて〝三年喪〟に服し、
父親の喪があけてまもなく母親が
おっ母さーん!
シクシク
亡くなったので、さらに〝三年喪〟に服した。
これが〝奇特な親孝行者がいる〟と評判
本当にやる人いるんだ!? 誰? 誰? 誰?
になり、大岡越前の目にとまったという。
儒学ガチ勢ぶりで目立ちました

九代　家重《いえしげ》と五倫《ごりん》

◆治世を象徴する儒学の教え——出典／『孟子』滕文公《とうぶんこう》上（飽食煖衣《ほうしょくだんい》）

【原文】

人之有道也、飽食煖衣、逸居而無教、則近於禽獸。聖人有憂之、使契爲司徒、教以人倫、父子有親、君臣有義、夫婦有別、長幼有敍、朋友有信。放勲日勞之來之、匡之直之、輔之翼之、使自得之、亦從而振德之。

【読み下し文】

人《ひと》の道《みち》たるや、飽食暖衣《ほうしょくだんい》、逸居《いっきょ》して教《おし》うることなければ則《すなわ》ち禽獣《きんじゅう》に近《ちか》し。聖人《せいじん》また之《これ》を憂《うれ》え、契《せつ》をして司徒《しと》たらしめ、教《おし》うるに人倫《じんりん》をもってし、父子《ふし》親《おや》有《あ》り、君臣《くんしん》義《ぎ》有《あ》り、夫婦《ふうふ》別《べつ》有《あ》り、長幼序《ちょうようじょ》有《あ》り、朋友信《ほうゆうしん》有《あ》らしむ。放勲《ほうくん》日《いわ》く之《これ》を労《ねぎら》い之《これ》を来《きた》し、之《これ》を匡《ただ》し之《これ》を直《なお》くし、之《これ》を輔《たす》け之《これ》を翼《たす》けて、自得《じとく》せしめ、また従《したが》いて之《これ》を振徳《しんとく》す。

【現代語訳】

人々は充分な衣食があって、ぶらぶら怠けて教育を受けなければ、ケダモノと同じである。聖人はこのことを心配して、舜《しゅん》は契《せつ》(殷王家の祖先といわれる家臣)を司徒《しと》という官職に任じ人倫の道徳を教えさせた。以来、父子の間には親愛があり、君臣の間には礼義があり、夫婦の間には区別があって、長幼《ちょうよう》の間には順序が、朋友の間には信頼があるようになった。また大功《たいこう》の人である堯《ぎょう》は君主として毎日人々をねぎらって励まし、心根が曲がった人は正しく直し、力のない人は助けてやって自然と人の道を悟るように導いた。

【超要約】

人として守るべき5つの道徳が五倫。

●身体障害のある将軍

歴代将軍には身体障害があったと考えられている将軍が何人かおり、家重はその一人だ。根拠となるのは歯の形状である。増上寺《ぞうじょうじ》にある家重の墓は発掘調査がされていてその結果が『増上寺 徳川将軍墓とその遺品・遺体』(東京大学出版会)にまとめられているが、本書によると家重の歯にはそのすべてに特殊な咬耗《こうもう》が見てとれる。これは生涯にわたって朝から晩まで終始歯ぎしりをし続けていたことによるものだそうだ。

また『徳川実紀』には、家重は髪油を嫌いいつもボサボサ頭で、髭を剃るのも嫌がったために伸ばしっぱなしになっていて、病気がちで儀式がある日以外はもっぱら自室に引きこもっていた、と記録されている。さらに肖像画も眉をよせて顔をしかめ、顎《あご》を突き出した独特な表情で描かれていることから、脳性麻痺《のうせいまひ》の後遺症などの何らかの身体障害があった可能性が濃厚であると指摘されている。

かなりの健康不安を抱えていたわけであるが、彼の運命は過酷だった。なぜなら父親が名君として知られる徳川吉宗だから。吉宗が八代将軍に就任した時に家重は6歳だった。言い換えると、この時点で家重は九代将軍候補の筆頭になった。

三代将軍・家光の項目で触れたが（Ｐ48）、家康は徳川将軍家の家督相続において〝長幼の序〟を絶対視する方針を固め、それが代々踏襲された。〝長幼の序〟は冒頭で紹介した『孟子』滕文公上に記されている、**人として守るべき5つの道徳＝〝五倫〟のなかの一つ**で儒学の基本概念である。長幼は年長者と年少者、序は序列のことで、端的に言えば年長者と年少者の間には序列があるということだ。

単純に年長者が年少者より優位とか偉いとかいうことを意味しているわけではなく、年長者は年少者を慈しみ、年少者は年長者を敬うという、上と下双方向にお互いを思い合う関係性が重要だと理解されている。

ただ徳川将軍家の家督相続においては、家康が規定したことにより〝長幼の序〟による嫡《ちゃく》男《なん》最優先の序列が絶対視された。まずは嫡男、嫡男が死亡した場合は次男、三男……、候補者がいなくなれば御三家、というように継承順位を決めることで家督争いによる御家騒動の芽を潰したのである。身体障害があっても考慮されることはなかった。

吉宗には家重以外にも息子がいて、特に三男の宗武《むねたけ》は文武両道で活発。家臣の評判もすこぶるよかったが、吉宗の後継者が吉宗の嫡男の家重であることは既定路線だった。

●「小便公方」の憂鬱

吉宗は家重に早くから一流の教師をつけて教育を施した。儒学の講師に室鳩巣、他の科目も一流の家庭教師をつけ、奉行《ぶぎょう》の裁判の様子などもたびたび見学させたが、家重本人にはあまり響かず、引きこもりがちになってしまう。吉宗はこの様子を見て危機感を覚え、家重を江戸の近郊に連れ出して、数日間軟禁状態で強制的に鷹狩をさせることもあった。

健康不安のある家重にとっては相当な負担だったと考えられるが……。当時はまだ残念ながら障害のある人への配慮も理解も進んでいなかった。このため**家重には障害のない人と同じような振る舞いが、いや、次期将軍として人並み以上の振る舞いが求められた。**

将軍になってからは公務で外出せねばならないこともあったが、そのことによって世間に知れ渡ったのが家重のトイレの近さである。

御家人から講釈師に転身した馬場文耕《ばばぶんこう》が巷で評判の噂話を記した『當時珍説要秘録《とうじちんせつようひろく》』には、「家重は大奥に入り浸って女性たちとたわむれ、毎晩宴会を開き夜更かしをするものだからろれつも回らず、言葉を聞き取ることができるのは側近の大岡忠光《おおおかただみつ》だけだった」。また、「家重が度々小便をしたがるため駕籠《かご》での移動が大変難儀で、寛永寺から江戸城に戻る際に寺を出てすぐの所でもよおしたので、慌てて引き返したこともあった。将軍の駕籠が引き返すなどというのは前代未聞のため、これ以来、御成《おな》りがある時は御閑所《ごかんしょ》（仮説トイレ）を作るようになった。寛永寺御成りの際には神田橋《かんだばし》内、筋違橋《すじかいばし》御門外、上野黒門《うえのくろもん》に。増上寺御成りの際には外桜田《そとさくらだ》御門内、虎ノ門《とらのもん》外、増上寺裏門内にそれぞれ1ヵ所ずつしつらえた」と記されている。

前半の酒池肉林《しゅちにくりん》疑惑に関しては確かめる術がないため眉唾《まゆつば》感が否めない。しかし後半の仮設トイレの設置に関しては、もし実際には存在しないものであればすぐに嘘だとバレる記述であるから、信ぴょう性はそれなりに高いとみてよいだろう。江戸城から上野寛永寺までは3㎞強、江戸城から増上寺までは3㎞弱ほどの距離だから、かなりの頻尿《ひんにょう》症状があったといえる。

イヤイヤ、「講釈師見て来たように嘘をつき」という言葉もあるぐらいだから、講釈師が書いた書物は信用できないと思うかもしれないが、当時の落書きにも、

宝暦十年辰年両国に於いて新板名鳥《しんぱんめいちょう》見世物《みせもの》
一、将軍いんこ。此鳥小便しげく久しく、ぼくにとまることあたハず
（『江戸時代落書類聚《るいじゅう》』東京堂出版より）

とある。将軍を見世物小屋のインコに見立て、小便が近いので木にとまることがないというのだ。このことからも家重のトイレの近さは周知の事実であったことがわかる。このため後世につけられた家重のあだ名は「小便公方《しょうべんくぼう》」だ。

家重の頻尿の理由が『當時珍説要秘録』に書かれているような過度の飲酒が原因なのか、それとも何か別の病気が原因なのかはわからないが、どちらにせよストレスがたまり、精神的にかなりキツイ状態だったであろうことは想像に難くない。身体障害があることへの理解が無い人たちに「将軍らしさ」を求められ続けたのだから。

家重は知能には問題が無く、将棋や能などの趣味もあった。将軍に就任することも前向きにとらえていたようで、弟の宗武のことを相当ライバル視していた節《ふし》がある。家重が九代将軍に就任するとすぐに「享保の改革」で活躍した老中・松平乗邑《まつだいらのりさと》が罷免され、宗武も三年間の謹慎処分を受けた。謹慎期間が明けても家重との面会は許されていない。

この状況からみて、宗武を将軍に擁立する動きが実際にあり、それが発覚して家重が激怒。首謀者である松平乗邑と宗武本人に、制裁が加えられたのではないかと考えられているのだ。

ただ実際に将軍になってみると困難の連続だった。家重には前述のような常時歯ぎしりの症状があり、言語不明瞭であったから自分の意志を言葉で他人に伝えることができない。家重の発する言葉からその意図をくみ取って真意を理解できるのは、側近の大岡忠光と田沼意次《たぬまおきつぐ》だけだったといわれている。将軍ともなれば儀式の際に大勢の大名、幕臣たちに言葉をかける場面も多くなるわけだが、挨拶すらスムーズにはできなかったはずだ。偉大な名君・吉宗の後継者として、家重にも「将軍らしさ」を求めていた周囲の視線はどのようなものだったか。考えただけで背筋が寒くなる。そりゃ、引きこもって酒を飲み明かしたくもなるだろう。

数え51歳でこの世を去った家重の『徳川実紀』はこう締めくくられている。

御みずからは御（病）弱にわたらせ給ひしが、万機の事ども、よく大臣に委任せられ、御治世十六年の間、四海波静かに万民無為の化に浴しけるは、有徳院（吉宗のこと）殿の御餘慶といへども、しかしながらよく守成の業をなし給ふ

「病弱だったが万事を家臣に任せ、治世16年の間、何事もなく平穏な日々が続いた。これは吉宗の功績のお蔭ではあるがよく守成の役目を果たされた」という意味だ。

最後まで吉宗を引き合いに出されているあたり、気の毒な限りである。

当代儒学動向

商人の儒学～懐徳堂と石門心学

江戸時代の中ごろになると商業が発展し、都市部では経済力を持った商人・豪商が存在感を示すようになります。ちょうど時を同じくして儒学も庶民層にまで浸透してゆきました。特に八代将軍・徳川吉宗による「享保の改革」が行われると、質素倹約！　清貧を旨とすべし！　という考え方も広まってゆきます。「享保の改革」の経済政策の軸になったのは年貢になる米を生産する農業です。このため商業を担う商人は「生産もせず金を稼いで富を得る卑しい存在だ」と蔑《さげす》まれる風潮も生まれてしまいました。

しかし、儒学は商業や富を否定しているわけではありません。孔子の弟子にも**子貢**《しこう》という商才に長《た》けた裕福な人がいました。『論語』にはこんなエピソードもあります。

子貢曰、如能博施於民、而能濟衆者、何如、可謂仁乎、子曰、何事於仁、必也聖乎、尭舜其猶病諸、夫仁者己欲立而立人、己欲達而達人、能近取譬、可謂仁之方也已。

（『論語』巻三　雍也《ようや》第六より）

子貢が尋ねました。「もし人々に恵みを施して生活を豊かにし、民を救えたとしたらどうでしょう、仁者といえますか？」孔子は答えました。「それは仁者どころでは無い、聖人の領域だよ。堯・舜だってそのことに大変苦労されたのだ。仁者は、自《みずか》らの身を立てたいと思えば他人の身を立たせ、自らが行きたいと思えば他人を先に行かせる。常に他人を自分のことのように思いやる。それが仁者の考え方というものだよ」と。

こうした教えがあることから人々の暮らしを豊かにして富をもたらす商業は肯定的にとらえられ、中国では子貢のように儒学を学んで商業活動を行う〝儒商〟が活躍したのです。儒学が普及し、商業が発展した江戸時代中期の日本でも「商人も儒学を身に付け、社会の一員としてプライドをもって商業活動をしよう！」という動きが出てきました。

このようななかで享保年間に商人の町・大坂で、豪商たちの出資によって誕生した儒学の学問所が懐徳堂《かいとくどう》です。懐徳堂は吉宗によって幕府公認の学問所になりましたが、その後も運営費は町人によって賄われたので「町人の学問所」とも呼ばれています。

諸説ありますが、懐徳堂という名前の由来は『論語』という説があります。

子曰、君子懐徳、小人懐土、君子懐刑、小人懐恵

（『論語』巻二　里仁《りじん》第四より）

孔子はおっしゃった、君子〝徳〟を懐に抱いて生きようとし、そうでない者は土地（財産）を重んじる。君子は刑罰をうける覚悟ができているが、そうでない者は恩恵ばかりを願っている（解釈には諸説あり）。

初代学主の**三宅石庵**《みやけせきあん》は朱子学と陽明学、良い部分はどちらからでも学ぶべきという教育方針で、彼の学問は、頭は猿、手足が虎、体は狸で尾は蛇という伝説の生物・鵺《ぬえ》にちなみ、「鵺学《ぬえがく》」と呼ばれました。

学則も「〝忠〟〝孝〟と仕事を第一に考え、そのうえで学問をせよ。仕事の都合で講義を途中退席してもかまわない。書物を持っていなくても講義を聞いてよい。講義が始まったら身分は関係ない」というユニークなもの。こうした懐の深さから、武士から庶民までさまざまな塾生を受け入れ、大坂商業界の儒学教育の進展に貢献します。

同じく享保期に、京都では儒学者の**石田梅岩**《いしだばいがん》が講義を始めます。梅岩は〝倹約〟や〝正直〟をモットーに、儒学を中心に心を磨くために有効な仏教や神道の教えを、商人を含む町人たちにわかりやすく、日常で実践できるように伝えました。このため「町人の哲学」とも呼ばれています。梅岩以降、門下生の**手島堵庵**《てじまとあん》らによって大成し、堵庵の弟子・**中沢道二**《なかざわどうに》によって受け継がれ各地に広まりました。

松平定信《まつだいらさだのぶ》が道二の道話《どうわ》（演劇的な語りで身近な例を示しながら、わかりやすく道徳を説く手法）を「心の学び」と評したことから、「心学《しんがく》」と呼ばれるようになります。ただし、陽明学のことも別名・心学ということから、石田梅岩の門下による心学ということで、「石門心《せきもんしん》学《がく》」として区別することもあります。

儒学はこのようにして、商業界にも確実に定着していったのです。

儒学こぼればなし

梅岩の教え

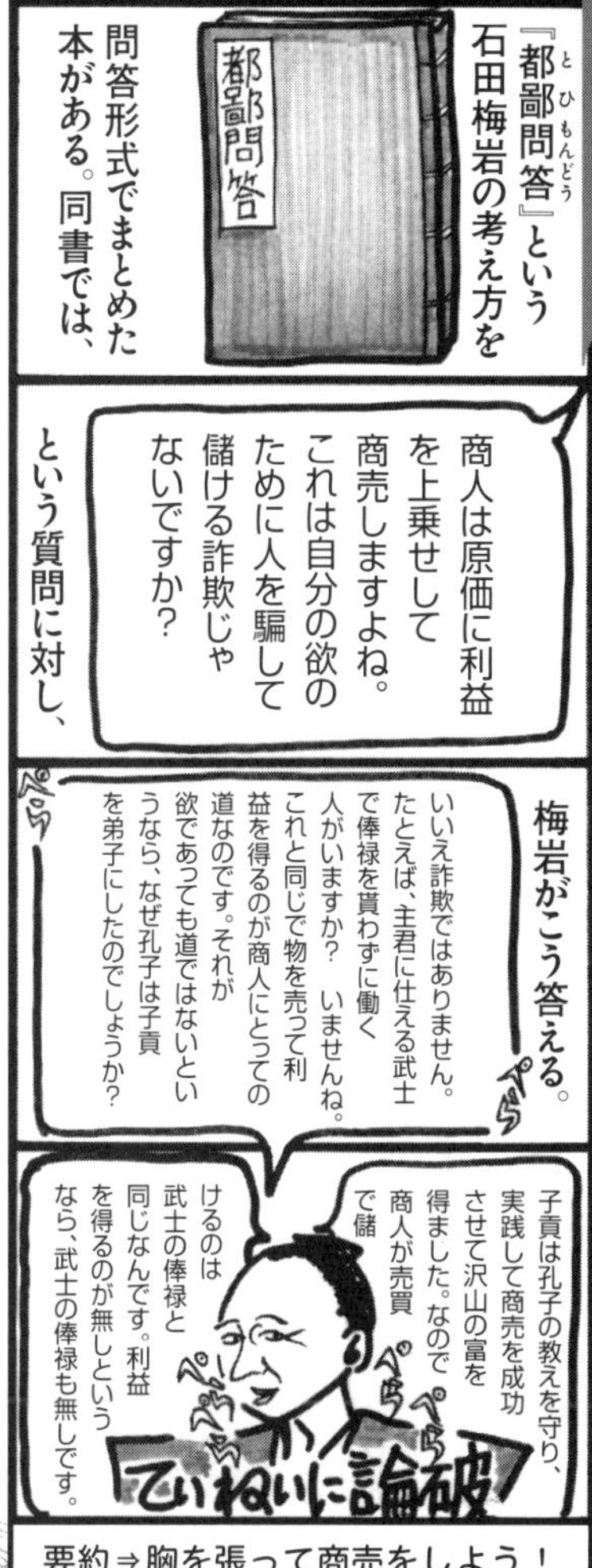
石田梅岩の考え方を
『都鄙問答《とひもんどう》』という
問答形式でまとめた
本がある。同書では、
都鄙問答
商人は原価に利益を上乗せして商売しますよね。これは自分の欲のために人を騙して儲ける詐欺じゃないですか？
という質問に対し、
梅岩がこう答える。
いいえ詐欺ではありません。たとえば、主君に仕える武士で俸禄を貰わずに働く人がいますか？ いませんね。これと同じで物を売って利益を得るのが商人にとっての道なのです。それが欲であっても道ではないというなら、なぜ孔子は子貢を弟子にしたのでしょうか？
子貢は孔子の教えを守り、実践して商売を成功させて沢山の富を得ました。なので商人が売買で儲けるのは武士の俸禄と同じなんです。利益を得るのが無しというなら、武士の俸禄も無しです。
ていねいに論破

要約⇒胸を張って商売をしよう！

十代 家治《いえはる》と経済《けいざい》

◆治世を象徴する儒学の教え———

出典／『文中子中説《ぶんちゅうししちゅうせつ》』礼楽《れいがく》編（経済）

【原文】

是其家伝、七世矣、皆有経済之道。

【読み下し文】

是《こ》れ其《そ》の家伝《かでん》、七世《ななせ》、皆《みな》経済《けいざい》の道《みち》有《あ》り。

【現代語訳】

これは彼（儒学を修めた人）の家伝《かでん》で、七世代にわたって経済（経世済民《けいせいさいみん》）の心得がある。

【超要約】

儒学は経済（経世済民）を重視する。

の解説はP153をご覧ください

●じじバカ炸裂！　吉宗溺愛の嫡孫

十代将軍・家治は幼少期に祖父の八代将軍・吉宗から溺愛された記録が残っている。『徳川実記』によると、吉宗は孫の中でも竹千代（家治の幼名）をことの外《ほか》可愛がり、常に膝の上に抱いて、将来将軍になってからの心得などを言って聞かせていた。10歳にならないころの話だが、例のごとく吉宗が竹千代を膝の上に抱いて紙を取り出し、

「これに何か書いてみよ」

というと、竹千代はすぐに〃大〃という字を書こうとした。しかし1画目をものすごく大きく書いてしまい、字を完成させるためにはどう考えても紙が足りない。周囲の人たちはどうするだろうとハラハラ見守っていたが、竹千代は畳の上にはみ出してもまったく気にせず続きを書いて大の字を完成させ、筆を投げ捨てた。これを見た吉宗は大層喜んで、

「天下を治める者はこうでなくてはならない」

と言って頭を撫でまわしてお喜びになったので、周囲の人も胸を撫でおろしたという。

吉宗のじじバカエピソード炸裂。吉宗にしてみれば嫡男の家重が病弱で将軍としての帝王学を充分に授けることができなかった分、嫡孫《ちゃくそん》の家治にかける期待がより大きくなって

いたのかもしれない。

実際、家治は性格もおおらかで明るくスポーツ万能。吉宗の趣味である鷹狩も得意だった。儒学も奥儒者・**成島道筑**《なるしまどうちく》（🔑1）が常に側にいて、**経書はもちろん、日本と中国の歴史書などの講義を受けた**というかなりの秀才ぶりである。吉宗の自慢の孫だったことだろう。

ただ学問はあまり好きではなかったらしい。吉宗が亡くなると、家治は成島道筑に、

「学問を怠るなんてもっての外だ。しかし学問のしすぎで心労がかさんでしまった。病になってはもとも子もないから少し休もうと思うので、悪しからず」

と告げ、猿楽を嗜むようになったという。結構ちゃっかりしているのだ。

いずれにせよ、吉宗直々《じきじき》に帝王学を仕込んだ嫡孫として周囲からの期待は大きく、十代将軍に就任すれば、祖父顔負けのリーダーシップで幕府の政治を主導する……かと思われたが、予想に反してまったくそうはならなかった。

家治の父・家重はある遺言を残して亡くなった。それは、

「主殿《とのも》は〝またうと〟のものである。くれぐれも大切に重く用いるように」

というものだった。主殿とは、主殿頭《とのものかみ》が官職名だった田沼意次《たぬまおきつぐ》のことで、〝またうと〟というのは〝全人〟のこと。欠点がない完璧な人、正直な律義者という意味である。

●〝またうと〟田沼意次の時代

田沼意次は禄高600石取りの幕臣の家に生まれた。16歳のころから家重に仕え、大岡《おおおか》忠光《ただみつ》とともに家重の言葉の数少ない理解者となり、主君に寵愛されて昇進を重ねる。

これは単に将軍のお気に入りだから出世した、という話ではない。田沼は誠実な性格のうえに「発明」と評されるほどの頭脳明晰ぶりで抜群に仕事ができ、**美濃郡上《ぐじょう》一揆**（🔑2）の裁定に関わったことでその手腕が幕府内で高く評価されていたのだ。

家重の死の1年前に大岡忠光は亡くなっていたから、自らの臨終を前にした家重は、跡継ぎの家治を託せるのは田沼をおいて他にいない、という気持ちになっていたのだろう。家治本人も家重が亡くなったときはまだ25歳であったから、父の遺言を守って政治向きのことを田沼にまかせることに異論はなかった。というか、家治は家重以上に田沼に絶大な信頼を寄せていた節《ふし》さえある。そのことは人事からもうかがえる。

田沼は家重の代で御側御用取次《おそばごようとりつぎ》まで昇進した。これは将軍の側近というポジションで複数人任命される。これが家治の代になるとさらに出世して側近集団のナンバー1の地位の側用人《そばようにん》に上り詰め、相良城《さがらじょう》（静岡県）2万石の城持ち大名に昇格。これだけにとどまらず、側用人兼任のまま幕政の最高責任者・老中に任命され、5万7千石を賜るに至った。**側用人を兼任したまま老中になるというのは前代未聞（🔑3）の人事。**これは田沼が主導する政治改革がよりスピーディーに、実現可能な体制が整えられたことを意味している。

　このように、将軍・家重&家治に全幅の信頼を寄せられた〝またうと〟田沼意次が権勢をほこり、政治を動かしていた時代を田沼時代と呼ぶ。**田沼時代に行われた政策の特徴は重《じゅう》農主義《のうしゅぎ》から重商主義《じゅうしょうしゅぎ》への転換**である。既に米の取れ高、つまり年貢を軸にした経済＝重農主義経済に限界が来ており、幕府の財政再建のためには商業を活性化させて儲かった部分から税金を取る＝重商主義に切り替える必要があった。

　このため田沼が主導して、税制改革（株仲間に商品販売の独占権を与える代わりに、税を納めさせて年貢以外の収入を確保）、予算制度の導入（幕府・大奥の支出を予算の中からやりくりして、無駄を省き倹約に努める）、通貨政策（南鐐二朱銀《なんりょうにしゅぎん》など新しい通貨を作り、全国規模の流通を活性化）、鎖国体制の緩和（幕府主導の貿易を盛んにし、俵《たわら》ものなどの輸出品による利益拡大を狙う）など、さまざまな経済政策を打ち出していった。

　このように田沼時代といえば経済と切っても切り離せないわけだが、〝経済〟はもともと儒学由来の言葉だ。冒頭で取り上げたように儒学を修めた人の家系を称賛する言葉として〝経済〟が使われていることからも、儒学において大変重視されていたことがわかる。

●〝経世済民〟と「政事の暇」

儒学における〝経済〟とは、現在使われている経済＝economyとは意味が異なる。日本で初めて〝経済〟を書名に用いた『経済録《けいざいろく》』（太宰春台《だざいしゅんだい》・著）にはこうある。

凡天下国家ヲ治ムルヲ経済ト云　世ヲ経メ民ヲ済フト云フ義也

「**天下国家を治めることを〝経済〟という。世を経《おさ》め（統治する）民を済《すく》う（援助する）という意味だ**」と解説している。つまり〝経世済民〟の略が〝経済〟なのだ。経済のための思想や政策を〝経世論《けいせいろん》〟と言い、この経世論が盛り上がりをみせていた時期に到来したのが田沼時代だ。田沼が行った異端的経済政策も、経世論の観点から肯定的にとらえられた。

将軍・家治の影がすっかり薄くなってしまったが、家治は政治的リーダーシップを取れないことに不満は無かった。多趣味な人で、自ら『御撰象棊攷格《ぎょせんしょうぎこうかく》』という詰将棋《つめしょうぎ》の図式集を記すほど将棋にハマっていたし、「政事之暇《せいじのひま》」という自虐的な落款《らっかん》を入れて親しい人にプレゼントするほど絵も描いた。そんな主君に田沼は**日光社参**（🔑4）という晴れ舞台を用意。

主従の信頼関係は盤石かに見えた矢先、予想外の事態が起こる。近い将来、十一代将軍になることが確定していた家治の嫡男・家基《いえもと》が急死したのだ。健康的な問題は無かったのに18歳のある日、鷹狩に出かけた先で突然体調不良となり死亡してしまう。家治には他に息子がなく、これは即ち、唯一の後継者を失ったことを意味していた。家治は食事が喉を通らぬほどに憔悴し、夢遊病を発症するなど精神的に不安定になった。

そこへ、家基の不審死は田沼による毒殺だという黒い噂が聞こえてくる。幕府内には急速な出世を妬むアンチ田沼も多かったから、ここぞとばかりにネガティブキャンペーンが張られたのだ。もちろん事実無根であったが、その後、天明《てんめい》の大飢饉、浅間山《あさまやま》大噴火という未曾有《みぞう》の大災害が続く。不満の矛先は政治の最高責任者である田沼に向けられ、その政治手腕が疑問視されるようになった。挙句の果てに田沼の嫡男・意知《おきとも》が江戸城内で斬りつけられ死亡。斬りつけた加害者が「世直し大明神」と祭りあげられる異常事態となる。

負のスパイラルは止まらず、今度は家治が突然病臥《びょうが》した。田沼は町で評判の医師に治療にあたらせたが、かえって体調が悪化したため、再び田沼毒殺未遂説が浮上。そして病床の家治から、突如、田沼の罷免《ひめん》人事が発表され、田沼時代は終幕となった。

公式記録では罷免の直後に家治が死亡したとされているが、状況的に田沼罷免の前に家治は死んでいて、病床を固めたアンチ田沼による陰謀人事ではないかと考えられている。

◆家治と経済　キーワード

※146ページからの文中の🔑と対応しています

(🔑1)成島道筑《なるしまどうちく》

奥坊主《おくぼうず》として八代吉宗に仕え、学問好きが目にとまり文化行事にも参加を許される。朱子学と古文辞学に加え、詩や和歌にもすぐれ、文壇でも名の知れた存在であった。

(🔑2)美濃郡上《ぐじょう》一揆

郡上藩（岐阜県）で年貢徴収法の変更による年貢増徴に反発した農民が起こした一揆。藩主の金森頼錦《かなもりよりかね》は改易。幕府の老中や若年寄などの関与も発覚し、大量処分となった。

(🔑3)側用人を兼任したまま老中になるというのは前代未聞

五代綱吉の下で柳沢吉保が側用人兼任で大老格《たいろうかく》（大老並みの権限を持つ）に、六代家宣、七代家継の下で間部詮房が側用人兼任で老中格に就任した（P106）が、正式に就任した例はない。

(🔑4)日光社参《しゃさん》

将軍の日光東照宮参拝。10万人以上という壮大な行列で莫大な経費が掛かり、実施できた将軍は、二代秀忠、三代家光、四代家綱、八代吉宗、十代家治、十二代家慶《いえよし》のみ。

経世論〜太宰春台・海保青陵

本文でも述べた通り、〝経済〟のために行う政策論や思想を経世論といいます。〝経済〟は世を治め民を救う〝経世済民〟の略ですから、経世論は現代の経済学や経済思想の範囲にとどまらず、政治学や政治思想、社会学や社会思想といった広範囲の学問領域を内包していました。

経世論の背景にあったのは社会情勢の変化です。江戸時代の中期には商業の発展により、商人が多くの金銭を得て富を築くことに成功していました。

一方、米の耕作面積は限られています。享保の改革期に生産拡大はピークを迎え、その後鈍化。年貢収入や米による俸禄を生活基盤とする幕府や諸藩は、軒並み財政難に陥ります。平たく言えば、武士が貧乏になっていったのです。また農業を担う農民の生活も困窮化の一途をたどっていました。つまりは、幕藩体制という社会の根幹を揺るがす大問題に直面していたわけです。

こうした社会問題の解決のために発達したのが経世論。その萌芽となったのは陽明学の熊沢蕃山《くまざわばんざん》（P56）でした。蕃山は著書の『大学或問《だいがくわくもん》』のなかで、既に「天下に仁政を敷くためには、富がなければ達成できない」「主君に仁の心があっても、仁政を行わなければ無駄である」と、仁政と富が両立することを指摘しています。

また、古文辞学の**荻生徂徠**（P130）も、従来の朱子学が重視している礼儀による秩序や徳による統治を重視しているだけでは、武士の貧困という問題を克服できない。武士は帰農して土着するべし。といった持論を展開しました。現実社会の問題を解決するために具体的政策を取るべきだという徂徠の考え方は世を治め民を救う〝経世済民〟思想に適っており、経世論の基礎を作ったと評価されています。

ただこのころはまだ幕府の経済基盤は年貢、つまり米でした。このため農業で生産される米などの農作物は尊く、商業によって稼ぐ金銭は浅ましいという、いわゆる「貴穀賤金《きこくせんきん》」論が支配的であり、米本位の重農主義的な価値観が大前提になっていたのです。

これが次世代の**太宰春台**《だざいしゅんだい》のころに大きく変化します。春台は信濃国《しなののくに》（長野県）飯田《いいだ》藩士の子として生まれましたが、父がお咎《とが》めを受けて浪人となり、一家で江戸に出てきたという苦労人です。苦学の末に儒学を修めて武家に仕えますが、頑固で妥協を許さない性格であったからか士官には向かず、勤めたり辞めたりをくり返しながら学問を深めました。

まずは朱子学からスタートしますが、京都で古義学《こぎがく》の**伊藤仁斎**《いとうじんさい》の講義を聞いて影響を受け、江戸に戻ってからは古文辞学の荻生徂徠に感化されてその門下生となります。こう聞くと流されやすい人だったの？　という印象になるかもしれませんが、そうではありません。

春台は社会の変化に対応して学問も柔軟に変化するべきだと考えていたのです。そして時代の変化に合わせ、ついに師匠の荻生徂徠の思想をも追い越してゆきます。いわゆる「貴穀賤金」論では現実社会で起こっている財政難の克服は不可能なので、幕府や藩は特産物、専売制などによる米以外の収入源を増やし、積極的に商業経済に介入すべきだと主張したのです。つまり、重農主義から重商主義への転換に踏み込んだというわけですね。

〝経世済民〟を謳《うた》った著書の『経済録』を執筆したのは1740年代で、ちょうど九代将軍・家重の治世の始まりのころ。このころは関西での懐徳堂《かいとくどう》や石門心学《せきもんしんがく》の影響もあって、商業に肯定的な風潮が全国的に広まっていました。十代将軍・家治の治世において田沼意次が活躍する土壌にはこのような思想的背景があったのです。

経世論は田沼時代を経て、さらに発展してゆきました。**海保青陵**《かいほせいりょう》は、いわば経営コンサルタントの魁《さきがけ》のような人物です。「君臣の関係は、家臣は〝忠〟〝義〟を売りものにして、君主から俸禄を貰うのだから、これはいわば商売である。物の売り買いで利益を得る商人と変わりはないから、商業を蔑《さげす》むことはない」という独特の考え方を持ち、各地を渡り歩い

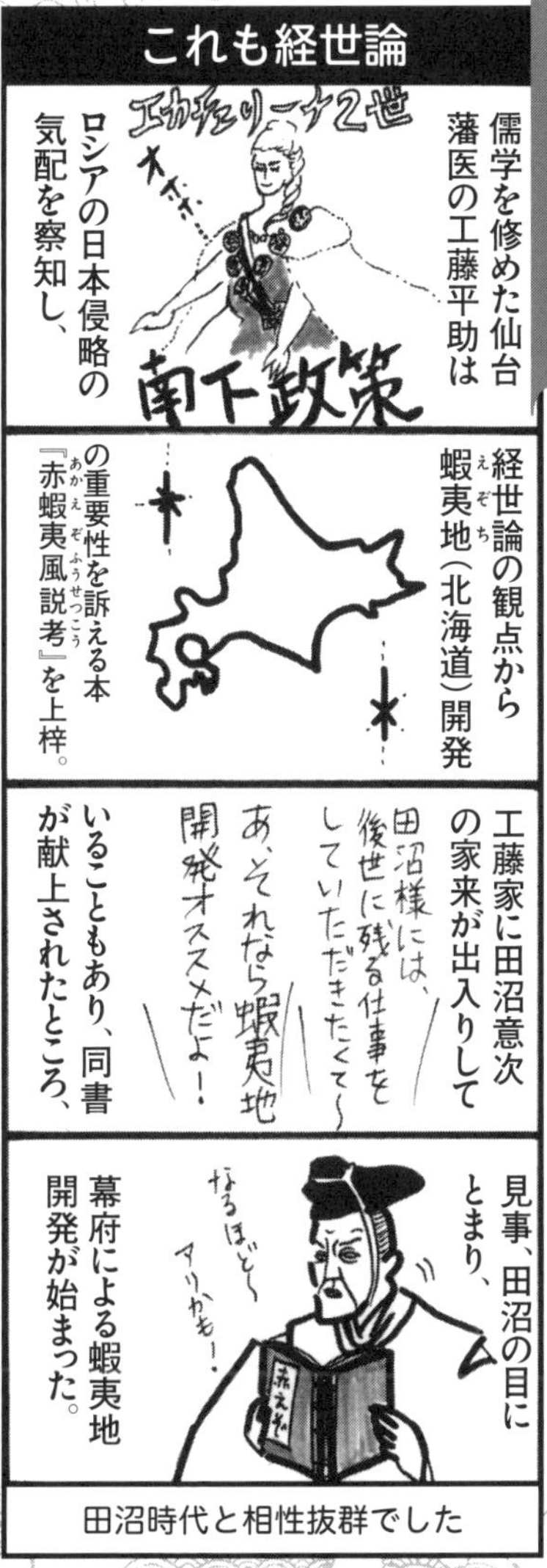
これも経世論
儒学を修めた仙台藩医の工藤平助はロシアの日本侵略の気配を察知し、
エカチェリーナ2世
南下政策
経世論の観点から蝦夷地《えぞち》（北海道）開発
の重要性を訴える本『赤蝦夷風説考《あかえぞふうせつこう》』を上梓。
工藤家に田沼意次の家来が出入りして
田沼様には、後世に残る仕事をしていただきたくて〜
あ、それなら蝦夷地開発オススメだよ！
いることもあり、同書が献上されたところ、
見事、田沼の目にとまり、
なるほど〜
アリかも！
赤えぞ
幕府による蝦夷地開発が始まった。
田沼時代と相性抜群でした

て儒学を教えながら、大名や豪農などに産業振興策を伝授しました。

また儒学者以外にも経世論は広まります。海保青陵の考えをさらに発展させたのは、数学者の**本多利明**《ほんだとしあき》で、藩や幕府はもちろん、日本という枠組みすらこえて、積極的に商業を発展させ世界と貿易すべき、と主張します。これはいわゆる鎖国体制の否定を意味しているのですが……。実現するのは、まだもう少し先のお話。

十一代　家斉《いえなり》と教育《きょういく》

出典／『論語』巻八　衛霊公《えいれいこう》第十五

◆治世を象徴する儒学の教え――

【原文】

子曰、有教無類。

【読み下し文】

子《し》曰《いわ》く、教《おし》えありて類《るい》なし。

【現代語訳】

孔子がおっしゃった。「人間は教育による違いはあるが、生まれつきの性質に違いはない」

【超要約】

誰もが教育によって立派な人間になれる。

●十一代将軍を巡るすったもんだ

🔑の解説はP167をご覧ください

十一代将軍・家斉は御三卿《ごさんきょう》の一橋家《ひとつばしけ》（P160系図参照）から将軍になった。家康《いえやす》は徳川将軍家（宗家）の家督相続を安定化させるために将軍の継承権を持つ分家として御三家《ごさんけ》を立て、御三家の紀州徳川家から八代・吉宗《よしむね》が誕生した。これに倣《なら》って、吉宗が自分の血統から確実に次世代の将軍を輩出すべく、次男宗武《むねたけ》に江戸城田安御門《たやすごもん》内に屋敷を与えて田安家《たやすけ》を、四男宗尹《むねただ》に江戸城一橋御門《ひとつばしごもん》内に屋敷を与えて一橋家《ひとつばしけ》を、そして九代・家重の次男の重好《しげよし》に江戸城清水御門《しみずごもん》内に屋敷を与えて清水家《しみずけ》を創設した。これが御三卿である。いわば将軍の身内中の身内。将軍の継承順位も御三家より御三卿が優先された。

十一代将軍の候補者の筆頭は十代・家治《いえはる》の嫡男の家基《いえもと》であったが、家基に何かあった時のために、第2候補の目星をつけておく必要があった。その第2候補として有力視されていたのが、御三卿田安家の定信《さだのぶ》である。田安宗武の子のうち、家督を継いだ嫡男治察《はるあき》は病弱で子が無く、次男定国《さだくに》は他家に養子に出されていたため、三男定信がいずれ田安家を相続することが決まっていた。定信は幼少期に虚弱体質であったため「自分は長く生きられないかもしれないから文学で名を残そう」と決意して学問に打ち込んだという優等生で、成長とともに体も丈夫になり、次期将軍第2候補として申し分ない人選であった。

しかし17歳の時、突然、白河《しらかわ》藩主・松平定邦《まつだいらさだくに》のもとに養子に出されることになる。定信の著書『宇下人言《うげのひとこと》』によると、田安家ではこの人事を「執政邪路《しっせいじゃろ》の計らい」と受け止めた。執政つまり当時の権力者である田沼意次の陰謀という意味だ。というのも、定信がいなくなれば、次点の一橋治済《ひとつばしはるさだ》の嫡男豊千代《とよちよ》（当時2歳。後の家斉）が十一代将軍の第2候補にくり上がる。田沼の弟は一橋家に仕えており、田沼家と一橋家は緊密な関係にあった。このため「田沼が一橋家優位になるように画策したにちがいない！」と考えたらしい。

真相は不明だが、結局、病弱だった定信の兄・治察もその年のうちに亡くなり、田安家は明屋形《あけやかた》（🔑1）になってしまった。**こうした経緯から定信はアンチ田沼の急先鋒となってゆく**。そしてこの5年後には、万が一の事態が起こり、十一代将軍候補の筆頭であった家基が急死。清水家の重好《しげよし》に子はなく、一橋豊千代が十代将軍・家治の下に養子入りして家斉と名乗り、家治の死にともなって十一代将軍に就任した。

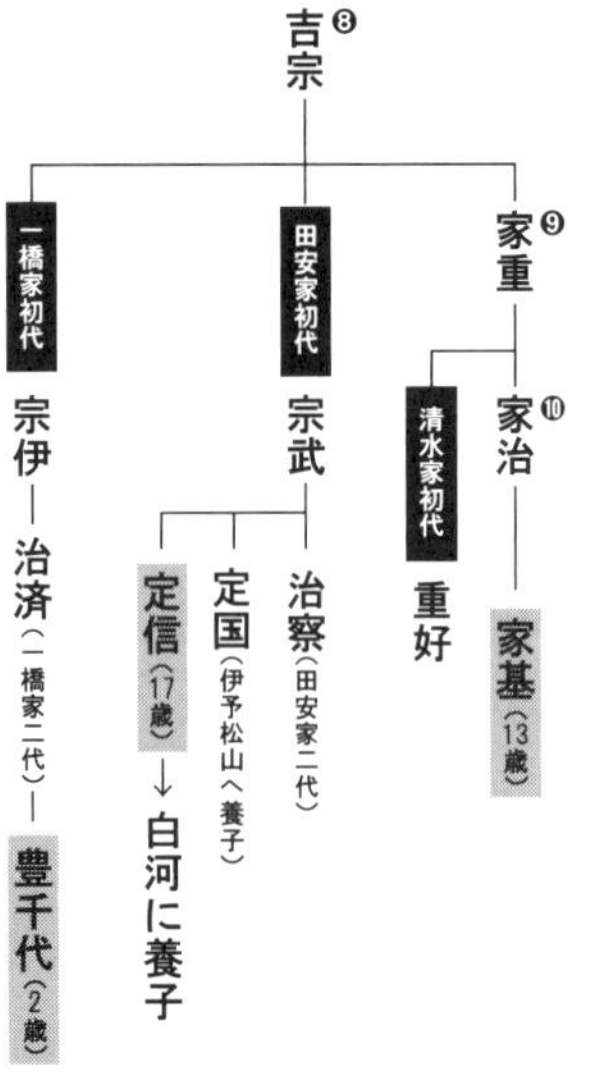

吉宗⑧
家重⑨
家治⑩
家基（13歳）
清水家初代
重好
田安家初代
宗武
治察（田安家二代）
定国（伊予松山へ養子）
定信（17歳）
↓白河に養子
一橋家初代
宗伊
治済（一橋家二代）
豊千代（2歳）

●「寛政の改革」〜スローガンはやっぱりあれ

家斉が将軍になったのは15歳の時で、自らリーダーシップはとれなかった。実際に政治を動かしたのは、田安家から養子に出され白河藩主となった、松平定信である。

定信は、白河藩主としての天明の大飢饉への的確な対応と藩財政の立て直しで成果を上げていた。また、当時幕府内に渦巻いていた紀州藩を除く御三家や門閥譜代の家臣を中心とした、アンチ田沼勢力のシンボル的存在でもあった。そのことや、八代将軍・吉宗の孫という血統的な説得力等もあり、新政権の顔としてこのうえない適任者だった。老中首座に君臨した定信は改革に着手。この改革は当時の年号から「寛政の改革」といわれている。

「寛政の改革」は当初、田沼時代の否定によって求心力を得た。経済政策などでは田沼時代を継承した部分もあったが、幕府の人事においては、田沼に象徴されるような能力主義の新参者ではなく、門閥譜代の家臣を優遇して旧来の秩序を回復。

また**旧里帰農令**《きゅうりきのうれい》（🔑2）を出すなど重農主義の方針を強く打ち出し、田沼時代以前、つまり八代将軍・吉宗の享保の改革期への復古を目指した。スローガンはやはり「質素倹約」。**囲**《かこ》**い米**《まい》**や七分**《しちぶ》**積金**《つみきん》（🔑3）といった備荒貯蓄《びこうちょちく》政策をすすめ、贅沢を戒めて、娯楽を抑制し、綱紀粛正《こうきしゅくせい》を図った。

〝役人の　子はにぎにぎ（賄賂《わいろ》のこと）を　よく覚え〟という川柳があるように、重農主義から重商主義への転換期であった田沼時代は、商業が活発化したことで賄賂がはびこり、金権政治への不満が高まった。このため、名君と名高い吉宗時代への回帰というわかりやすい路線をとって、幕府の威信を回復させようとしたわけだ。

この方針自体は理解ができる。ただ、それを徹底させるために目付を派遣して監視させ、その目付にも目付を付けて不正を行っていないかを監視する、という徹底した取り締まりぶりには息苦しさを禁じ得ない。「寛政の改革」が始まったころに流行していた狂歌

〝どこまでも　かゆき所に行きとどく　徳ある君の　孫の手なれば〟

は、一見すると名君・徳川吉宗の孫の定信の敷いた「寛政の改革」を称賛しているようで、その実、隅々まで監視体制が敷かれたことに対する皮肉が込められている。

「寛政の改革」の特徴の一つは、文武、つまり学問と武芸を奨励したことにある。特に**学問に関しては儒学を重視し、朱子学を幕府公認の学問・正学《せいがく》とするという政策を打った。**湯島聖堂で扱う学問、つまり幕府公認の儒学の学派は正学である朱子学に限定し、他の学派は異学として退けたのだ。このため、この政策は「寛政異学《かんせいいがく》の禁《きん》」と呼ばれている。

●朱子学が正学になったワケ

「寛政異学の禁」の第一の目的は学問吟味《がくもんぎんみ》による幅広い人材登用にあった。田沼時代までは出世のためにはなんといっても縁故がものを言い、賄賂が横行する一因になった。この悪弊を排するべく、学問吟味という一律の朱子学の学力テストを行って、成績優秀者には身分が低くとも昇進の機会を与えられるようにしたのだ。冒頭で述べた通り、儒学では孔子以来、生まれに関係なく誰でも教育によって立派な人間になれるという考え方があり、学問吟味もこの哲学にのっとっている。実際、この学問吟味をきっかけに**太田南畝《おおたなんぼ》**（🔑4）や**近藤重蔵《こんどうじゅうぞう》**（🔑5）といった人材が発掘され、活躍のチャンスをつかんだ。

ではなぜ朱子学を正学として扱ったのか。明確な理由は伝わっていないが、次のようなことが考えられる。一つはテストの正解になる基準を決める必要があったから。

当時の儒学界隈は、朱子学や陽明学はもちろん、古学、古義学、古文辞学、それらを合わせた折衷学《せっちゅうがく》など、さまざまな学派が林立状況であった。定信自身は「学文（問）の流儀は何にても宜《よろ》しく候《そうろう》」という持論があったが、テストをする以上、どの学派の儒学解釈が正解になるのかを明確にする必要があった。もう一つは朱子学自体が実態と乖離《かいり》した観念論に陥りがちで、その頂点に君臨する林家の権威も形骸化するなど、テコ入れの必要が生じていたことだ。家康以来、徳川家およびその親戚筋が学ぶ儒学といえば朱子学で、定信自身も幼少期から朱子学を学んだ。幕臣への影響力も依然として大きかったから、このまま廃れさせるわけにはいかない。復古主義、権威主義を是とする傾向を持つ「寛政の改革」との親和性も高く、結果、朱子学第一主義に行き着いたということだろう。

なお「寛政異学の禁」は湯島聖堂での朱子学を推奨するものであって、**それ以外の場所での異学の学問を禁じたものではない。**ただ、幕府が朱子学を正学としたことでこれに倣う藩は多かった。このように松平定信は、その優等生気質をいかんなく発揮して「寛政の改革」を主導した。この時代の雰囲気は次の狂歌によく表れている。

〝世の中に　蚊ほどうるさきものはなし　文武といふて　夜も寝られず〟

「寛政の改革」の理想は確かに正しい。正しいのだが……贅沢、娯楽が奪われ、文武を強要された人々は、あまりに品行方正が求められる風潮に辟易《へきえき》していたようだ。やがて、

〝白河の　清きに魚もすみかねて　もとの濁《にご》りの田沼恋しき〟

水がキレイすぎるとかえって魚は棲みにくい。白河藩主・松平定信の時代より、もともとの田沼時代のほうが良かったとまで言われるようになる。

こうして定信は政治的求心力を失い6年で失脚。「寛政の改革」は終わりを告げた。

●教育爆発とバブル経済

定信失脚の後もしばらくは、寛政の遺老《いろう》と呼ばれる人たちが改革の路線を踏襲した。湯島聖堂は林家の家塾という位置づけから、正式に幕府直轄の学問所・昌平坂学問所として機能するようになった。名前の由来は、敷地の一角が昌平坂に面していたためで、昌平坂学問所、または昌平黌《しょうへいこう》と呼ばれた。昌平坂の地名の由来は、孔子の故郷である中国の魯《ろ》の国(山東省《さんとうしょう》曲阜県《きょくふけん》)昌平郷《しょうへいきょう》にちなむ。

こうして、幕府が学問を重視する風潮が益々強まってゆき、これに倣って全国各地で藩校や私塾、また庶民教育の場である寺子屋なども続々と開講。教育爆発と呼べるほどの盛り上がりを見せた。

十一代将軍・家斉自身も、将軍世子として江戸城に入った9歳のころから儒学を学び始め、寛政《かんせい》の三博士《さんはかせ》と呼ばれる一流朱子学者の岡田寒泉《おかだかんせん》、尾藤二洲《びとうにしゅう》、柴野栗山《しばのりつざん》から講義を受け、林家から『貞観政要』を学んだ。また、『三国志』の大ファンで推しは諸葛孔明《しょかつこうめい》。休息時間には自分で描いた孔明像を眺めて悦に入っていたという。

家斉にはこういう文芸好きな一面があったが、その他にも好きなものが沢山あった。鷹狩、打毬《だきゅう》（馬に乗った者が二組に分かれて、自らの陣地に杖を使って毬を入れることを競う）といった大勢で行うスポーツが趣味だったし、社交的な性格で浜御殿《はまごてん》を大改修して大勢を招いての園遊会を度々ひらき、酒も浴びるほどに飲んだ。**つまり「質素倹約」とは真逆の個性を持っていた**のだ。

寛政の遺老が行う緊縮財政路線が行き詰まったことから、年号が文化になるころから政治にも徐々に、こうした家斉のカラーが現れ始め、文政になると側近の水野忠成《みずのただあきら》を老中として、ついに放漫財政路線に舵を切った。家斉には側室は40人（！）子どもが55人いた（!!）ので、桁違いの大奥経費がかさんだが、赤字分は貨幣改鋳による差益金《さえききん》で補填《ほてん》し、放漫財政を維持。実体のないバブル経済状態となる。「寛政の改革」の反動もあって、上は将軍、下は庶民まで享楽的な雰囲気が支配し、江戸の町人が娯楽文化の担い手となるバブリーな文化が花開いた。これを年号の文化《ぶんか》・文政《ぶんせい》を省略して化政《かせい》文化と呼ぶ。

家斉は治世50年を機に将軍を引退したが、なおも大御《おおご》所《しょ》として君臨して華やかなりし日々を送り、69歳でその生涯を終えた。

◆家斉と教育　キーワード

※158ページからの文中の🔑と対応しています

(🔑1)**明屋形《あけやかた》**

明屋敷《あけやしき》とも言い、当主不在の屋敷。大名家では当主不在となれば御家御取り潰しとなるが、御三卿は存続が認められ、養子を迎えれば再興することができた。

(🔑2)**旧里帰農令《きゅうりきのうれい》**

出稼ぎに江戸にやって来た農民に資金を与え農家に帰ることを奨励した。

(🔑3)**囲い米《かこいまい》や七分積金《しちぶつみきん》**

囲い米は飢饉に備えて平常時から米を備蓄する制度。七分積金は江戸の町入用《ちょうにゅうよう》(町人が負担する運営経費)を節約し、倹約額の7割を積み立てて非常時の出費に充てること。儒学の義倉《ぎそう》、社倉《しゃそう》(非常時に備えて倉に穀物を備蓄する制度)がもとになっている。

(🔑4)**大田南畝《おおたなんぼ》**

下級の幕臣で田沼時代は文壇で活躍。「寛政の改革」の学問吟味で幕府の要職に就いた。

(🔑5)**近藤重蔵《こんどうじゅうぞう》**

幕臣の家に生まれ学問吟味で出世。松前蝦夷御用取扱《まつまええぞごようとりあつかい》を命ぜられ蝦夷地に赴き、樺太《からふと》から千島列島《ちしまれっとう》の情勢を探索。択捉島《えとろふとう》に「大日本恵土呂府《だいにっぽんえとろふ》」の標木《ひょうぼく》を建てた。

各地の藩校と〝報徳仕法〟

田沼時代から寛政の改革期にかけては、全国で藩政改革が行われ、殖産興業とともに優秀な藩士を育成すべく藩校が作られ、儒学を軸にさまざまな教育の場となりました。

たとえば熊本藩《くまもと》（熊本県）では、藩主・**細川重賢**《ほそかわしげかた》により藩校・時習館《じしゅうかん》がつくられます。藩士の子でなくても、成績優秀であれば庶民でも入学が許されるなど、幅広い視野での人材育成に重きが置かれました。他にも身分を問わず入学できる医学校・再春館《さいしゅんかん》を設置し、医は〝仁〟術という信念に基づいた医学教育に力を入れています。

米沢藩《よねざわ》（山形県）ではもともと儒学が盛んで、早くから学問所がありましたが一時廃れ、それを藩主・**上杉治憲**《うえすぎはるのり》（**鷹山**《ようざん》）が再興するかたちで藩校・興譲館《こうじょうかん》がつくられました。名称の由来は『大学』の一節からで、

一家仁一国興仁、一家譲一国興譲

「一家が思いやりの仁の心を持てば国中がその心になり、一家に譲り合う謙虚な気持ちがあれば、国中がその心となる」という、思いやりや譲り合いの謙虚な気持ちの大切さを説いたものです。その名に恥じず、藩の再生を担う優秀な人材が育成されました。

久保田《くぼた》藩（秋田県）では、藩主の**佐竹義和**《さたけよしまさ》によって明徳館《めいとくかん》が建てられました。「寛政の改革」に倣って朱子学を中心とした儒学教育が行われましたが、議論を重視するという特徴があり、自己主張ができる個性的な人材を多く輩出しています。

白河《しらかわ》藩（福島県）でも藩主・**松平定信**が「寛政の改革」を行う傍らで、藩校立教館《りっきょうかん》を設置。座学はもちろん、柔術《じゅうじゅつ》・槍術《そうじゅつ》・弓術《きゅうじゅつ》・剣術《けんじゅつ》・居合《いあい》・砲術《ほうじゅつ》の道場も充実させ、実戦を強く意識した教育を行いました。実はこのころ世界情勢が変化し、列強諸国が日本に接近。対外危機が迫っていました。定信が「寛政の改革」で文武、つまり、学問だけでなく武術も奨励した背景にはこうした危機意識の高まりがあるのです。

教育爆発の影響は武士だけでなく、庶民層にも及んでいます。**二宮尊徳**《にのみやそんとく》（**金次郎**《きんじろう》）は、相模国《さがみのくに》栢山村《かやまむら》（神奈川県小田原市栢山）の裕福な農家出身ですが、天災の影響で家が没落。苦労を重ねますが、過酷な労働の合間を惜しんで学問に励み、知恵を武器に荒地を開墾して家を再興。親類の家も建て直し、小田原藩主・大久保忠真《おおくぼただざね》から見込まれて、文化・文政期には各地の農村の財政再建を任されるようになりました。その功績が認められ晩年には幕臣に取り立てられています。尊徳の行いの根本精神は『論語』の一節にあります。

以徳報徳（徳をもって徳に報いる）

（『論語』巻七　憲問《けんもん》第十四より）

その姿勢は〝報徳仕法《ほうとくしほう》〟として受け継がれ、現代を生きる人々にも手本となっています。

儒学こぼればなし

人生ハードモードでも
二宮尊徳は少年時代に両親を亡くし、
家も洪水で失って一家離散を経験。
人生の難易度を選択して下さい
EASY
NORMAL
HARD
カチッ
身を寄せた親類の家で身を粉にして
働き、仕事を終えた夜中に学問に励むが、
大学
「油を無駄にするな！」と叱られてしまう。
そこで誰の土地でもない土手を耕して、
もくもく
アブラナの種をまき、自ら抽出した油を
使って、学問を続けたという伝説がある。
種から油がとれる
攻略しがいがあります

第四章 熱狂！儒学の時代

	将軍	在位	ブレーン または側近	侍講・奥儒者など 政治の中枢に いた儒者	その他の儒者
12	家慶《いえよし》	天保《てんぽう》8(1837) ～約16年間	水野忠邦《みずのただくに》	林《はやし》 檉宇《ていう》 成島稼堂《なるしまかどう》	大塩平八郎《おおしおへいはちろう》 藤田東湖《ふじたとうこ》 佐藤一斎《さとういっさい》 渡辺崋山《わたなべかざん》
13	家定《いえさだ》	嘉永《かえい》6(1853) ～約5年間	阿部正弘《あべまさひろ》 井伊直弼《いいなおすけ》	林《はやし》 復斎《ふくさい》 成島《なるしま》 柳北《りゅうほく》	安積艮斎《あさかごんさい》 横井小楠《よこいしょうなん》 橋本左内《はしもとさない》 吉田松陰《よしだしょういん》 佐久間象山《さくましょうざん》 山田方谷《やまだほうこく》
14	家茂《いえもち》	安政《あんせい》5(1858) ～約9年間	井伊直弼	林《はやし》 学斎《がくさい》 成島柳北	
15	慶喜《よしのぶ》	慶応《けいおう》2(1866) ～約1年間	原市之進《はらいちのしん》 西周《にしあまね》	林学斎	

十二代　家慶《いえよし》と倹約《けんやく》

◆治世を象徴する儒学の教え――

出典／『孟子』梁恵王上《りょうけいおう》（恒産恒心《こうさんこうしん》）

【原文】

孟子曰、「無恒産而心者、惟士為能。若民、則無恒産、因無恒心。苟無恒心、放辟邪侈、無不為已。及陥於罪、然後、従而刑之。是罔民也。焉有仁人在位、罔民而可為也」

【読み下し文】

孟子《もうし》曰《いわ》く、「恒産《こうさん》無《な》くし恒心《こうしん》有《あ》る者《もの》は、士《し》のみ能《よ》くすることを為《な》す。民《たみ》の若《ごと》きは則《すなわ》ち恒産《こうさん》無《な》ければ、因《よ》りて恒心《こうしん》無《な》し。いやしくも恒心《こうしん》無《な》ければ、放辟邪侈《ほうへきじゃし》、為《な》さざる無《な》きのみ。罪《つみ》に陥《おちい》るに及《およ》びて然《しか》る後《のち》、従《したが》いて之《これ》を刑《けい》す。是《こ》れ民《たみ》を罔《あみ》するなり。焉《いずく》んぞ仁人《じんひと》位《くらい》に在《あ》る有《あ》りて、民《たみ》を罔《あみ》して為《おさ》むべけんや」と。

【現代語訳】

孟子がおっしゃった。「定まった仕事による収入が無くても安定した心を持つことができる、そんなことが可能なのはよほど立派な人だけである。普通の人は安定した収入なしではとても安定した心を持つことはできない。安定した心がなければ、投げやりになって、わがままに好きなことをする。そして罪を犯し、刑に処せられる。これは人民をだまして網《あみ》にかけるようなものだ。どうして仁徳のある人が君主の位に在って、民を網にかけるようなことができるだろうか。いや、できないはずだ」と。

【超要約】

一定の収入がなければ
道徳心を保つことはできない。

●内憂外患の時代

🔑の解説はP180〜181をご覧ください

家慶が45歳にして将軍になった天保八年（1837）、江戸時代のターニングポイントとなる大事件が二つ起こった。

一つは**大塩平八郎《おおしおへいはちろう》の乱**（🔑1）。もう一つは**モリソン号事件**（🔑2）。これはつまり、**国内外に問題が噴出する内憂外患の時代に突入**したことを意味していた。しかし、大御所・家斉は依然として権力をふるい、浪費を続けて享楽的な生活を送っており、幕府としても抜本的な対策が打てずにいた。

将軍・家慶も家臣の言うことに「そうせえ（そうしなさい）」とうなずくばかり。このため**ついたあだ名は「そうせえ公」である**（注：既視感の理由は「左様せい様（P61）」）。

ただ、家慶は浜御殿《はまごてん》の修繕の際に「橋の修理に使う材木1本まで節約を徹底するように」と現場に指示を出すなど、父・家斉による放漫財政路線に対する強い危機感は持っていた。

また、下々の声が自分まで伝わってこないことに対する問題意識も強く、幕府の役人に対して「気が付いたことはなんでも言上《ごんじょう》するように」と命じているから将軍としての自覚や責任感も充分にあったと言える。

しかし、『徳川実紀』に「沈着《ちんちゃく》謹粛《きんしゅく》」と表現されているように物静かで慎み深い性格だったので、父・家斉の存命中は強く自己主張をすることを憚《はばか》った。

大御所・家斉の死を待って、ついに老中首座・**水野忠邦**《みずのただくに》（🔑3）による「天保の改革」が始まった。水野の政治信条は「享保《きょうほう》・寛政《かんせい》の改革時代への回帰」。大御所時代にゆるみ切った綱紀を粛正し、幕府および徳川将軍家の権威を取り戻そうというものだった。将軍・家慶もやる気に満ちあふれた水野に一目置いており、改革の舵取りを任せた。

しかし、結論からいうとこれは失敗だった。たとえば、年貢収入の減少に対応するため、農村部から江戸に出てきた人を帰農させる「人返し令」を出したが、生活の基盤が江戸にある人々が強制的な帰村をさせられることに猛反発が起こった。また重商主義をいまさら重農主義に戻すことは既に不可能であり、経済効果も上がらなかった。

さらに、物価高騰に対しては株仲間を解散させることで一部商人による市場独占状態を解消して経済を活性化させようとしたが、一度構築した株仲間の流通システムを止めたことにより、かえって経済が混乱し、景気は悪化の一途をたどった。

にも関わらず、莫大な経費がかかる家慶の日光社参（Ｐ１５３）を強行。この結果、幕府の赤字も雪だるま式に増えていった。

●「天保の改革」～将軍の大好物も禁止！

こうした経済政策の失敗を取り返すかのように行ったのが「質素倹約」の強要だ。町触《まちぶ》れを180回にわたって連発。日用品や装飾品すべてにおいて贅沢を禁じたのはもちろん、風紀を乱すとして歌舞伎《かぶき》や寄席《よせ》などの娯楽施設や岡場所《おかばしょ》などの幕府非公認の風俗産業は営業禁止、もしくは規模縮小を命じる。

女髪結《おんなかみゆい》、女義太夫《おんなぎだゆう》などの女性の職業は軒並み禁止され、浮世絵《うきよえ》、版本《はんぽん》などの出版物に対する言論統制・検閲も一段と強めた。町触れを徹底させるため、町奉行・**鳥居耀蔵**《とりいようぞう》（🔑4）は手下を江戸市中に放って違反者を摘発。厳罰に処した。これによって廃業に追い込まれた者も多く、町に失業者があふれた。

「質素倹約」令は将軍・家慶にも例外なく適用された。**『匏菴遺稿』**《ほうあんいこう》（🔑5）によると、将軍の食膳に魚が出される際には、薬味として芽生姜《めしょうが》を添えるのが恒例で、家慶はこれを楽しみにしていたらしい。ある日の食膳に芽生姜が見当たらなかったので、どこかに落としてきたのではないかと給仕の者に確認をした。するとその者は、

「先日（天保の改革の）お触れで禁止されたので農家でも作らなくなりました」

と答えた。これを聞いた家慶は、まさか薬味まで禁止しているなんて！　と絶句したという。

家慶は先に述べた通り、もともと倹約志向が強かったし、ご多分に漏れず幼少期から儒学を学んでいるから、清貧は美徳であるという価値観は強く持っていた。

『論語』でも、孔子は「回（顔回《がんかい》）ほど学を好む者はいない」と評する高弟・顔回のことを、

子曰、賢哉回也、一箪食、一瓢飲、在陋巷、人不堪其憂、回也不改其楽。賢哉回也

（『論語』巻三　雍也《ようや》第六より）

「偉いもんだね、回は。竹のわりご一杯の飯と、瓢箪《ひょうたん》のお椀一杯の飲みもので狭い路地のみすぼらしい家に暮らしている。他の人ならその辛さに堪えられないだろうが、回は自分なりの楽しみを見つけて暮らしを改めない。偉いもんだね、回は」と褒め讃えている。しかし将来を嘱望された顔回は生活苦がたたり、若くして亡くなってしまうのだ。その生き方は**老荘思想《ろうそうしそう》**（🔑6）に影響を与えたが、これまでにも触れてきたように、**儒学は富そのものを否定する方向へは進まなかった。**

多くの人は安定した収入がなければ道徳心を保つことすら難しい。それで罪を犯したからといって刑に処すのは、人民をだまして網にかけるようなものだという、冒頭で取り上げた『孟子』の恒産恒心の教えもある。

「天保の改革」の質素倹約令の苛烈《かれつ》さは明らかに一線を越えており、家慶の信頼を失った水野忠邦は失脚。改革は3年を待たずに挫折した。

●ペリー来航ショック!?　熱中症で逝く

その後の家慶政権は、「天保の改革」による混乱の尻ぬぐいに奔走。そうする間に欧米列強の脅威が日本に迫り、嘉永《かえい》六年（1853）**ペリー来航**（🔑7）を迎える。

家慶はよほど精神的ストレスを受けたのか、その月のうちに突然倒れて亡くなってしまった。享年61。症状から、直接の死因は暑気あたり（熱中症）と考えられている。

奥医師の七代目・桂川《かつらがわ》甫周《ほしゅう》は、家慶危篤の知らせを聞くと正気ではいられず、薬を持って一目散に駆けだし、詰めかけている大名の間を回って行くのももどかしく、火鉢を二つ三つ、人の頭も飛び越えて病床に侍《はべ》った。

甫周は妹が大奥の火災で死亡し、その年のうちに父を亡くす不幸に見舞われたことがあった。これを哀れに思った家慶は奥医師のなかで誰よりも若い甫周に法眼《ほうげん》（🔑8）の位を授け、「このわがままはゆるせよ」と言って励ましたそうだ。

また甫周がうたた寝をしてしまった時には、家慶がそっと掻《か》い巻《ま》きをかけて自分の膝枕で寝かせ、頭を撫でてくれたことまであったらしい。

家慶は臨終の際にも甫周が夢中で駆け付けたことを知ると「甫周」と声をかけて気遣いを見せたという。甫周は畏れ多さで体が震えたと、後に家人に語っている。

これ以外にも、家慶は若者に対して細やかな愛情を注いだというエピソードが多数残っている。一体なぜだろう。家慶は27人の子女をもうけたが、無事成長したのは四男・政之《まさの》助《すけ》(のちの十三代将軍・家定《いえさだ》)のみであった。

「もし自分の子どもたちが生きていたら……」

年頃の若者たちに亡き我が子らの姿を重ねていたのかもしれない。

歴代将軍の中では政治的な功績が少ないせいで影が薄いが、その素顔を知る人たちに心から慕われた、愛情深い将軍であった。

◆家慶と倹約　キーワード

※172ページからの文中の🔑と対応しています

（🔑1）大塩平八郎《おおしおへいはちろう》の乱

天保の大飢饉に対して無策の大坂町奉行に対し、大塩平八郎が武装蜂起。乱は半日で鎮圧されたが全国に波紋が広がった。

（🔑2）モリソン号事件

アメリカの商船・モリソン号が日本人漂流民の返還のため日本に来航したが、日本側は「異国船打《いこくせんう》ち払《はら》い令」のため砲撃してこれを拒絶。幕府の対応に批判が集まった。

（🔑3）水野忠邦《みずのただくに》

唐津《からつ》（佐賀県）藩主であったが幕閣入りを目指して賄賂と縁故を使った猛烈な猟官運動の末、浜松《はままつ》（静岡県）藩主へ転封。大坂城代・京都所司代などを経て江戸城西の丸老中となり、家慶の信任を得て幕閣入りを果たし、老中首座に任じられた。

（🔑4）鳥居耀蔵《とりいようぞう》

父は大学頭《だいがくのかみ》・林述斎《じゅっさい》。南町奉行として水野忠邦から信頼されて厳しい江戸市中の取り締まりを行ったので、官職名の甲斐守《かいのかみ》をもじって妖怪（耀甲斐《ようかい》）と江戸の人々から恐られた。

(5)『匏庵遺稿《ほうあんいこう》』

幕末に幕府の奥医師を務めた栗本匏菴《くりもとほうあん》による江戸の巷説集《こうせつしゅう》。

(6)老荘思想《ろうそうしそう》

老子と荘子による思想。老子は孔子と同時代に生きたと考えられている人で、自然の法則を〝道〟という概念で表し〝道〟から人間の生き方を説いた。荘子はその200年ほど後に生まれ、老子同様に〝道〟を重視し、その教えを寓話を用いて説く。「胡蝶の夢」が有名。

(7)ペリー来航

アメリカ東インド艦隊の司令長官・ペリーが4隻の軍艦を率いて日本に来航した事件。それまでも外国の帆船は度々日本に来航していたが、この時は4隻の内2隻が最新鋭の蒸気船で多数の大砲が積まれており、軍事圧力をともなった来航であった。

(8)法眼《ほうげん》

法眼和上位《ほうげんかじょうい》の略。もともとは僧侶の称号だが、中世以後は医師や仏師、絵師、連歌師など僧形の者に授けられるようになった位。

大塩平八郎の乱と陽明学

天保期の内憂外患を象徴する出来事である**大塩平八郎**の乱。その思想的な背景には儒学の学派の一つ、陽明学が大きく関わっています。

大塩は幼くして両親を失ったため祖父に養育され、13、4歳のころには大坂東町奉行所に見習として出仕し、家職《かしょく》を継いで与力《よりき》となりました。

正直で清廉潔白《せいれんけっぱく》、とにかく不正を許さないという性格で、組違いの同僚の汚職を内部告発したり、キリシタンや破戒僧《はかいそう》を摘発するなど、大坂を中心とする上方都市部の綱紀粛正に功績をあげています。

一方で、文武にも励み、砲術と槍術は達人の腕前。学問は陽明学を修め、自宅に私塾・洗心洞《せんしんどう》を構えて大坂町奉行の役人や、近くの農村部の人たちに教授しました。

当時の大塩と実際に面識のあった人の話によると、憂国の思いが強く、一緒に食事をとりながら時世について語り合っていたところ、怒髪天《どはってん》を衝《つ》く勢いで憤《いきどお》りだし、金頭《かながしら》（骨格が硬い魚）の頭からしっぽまでバリバリと噛み砕いたといいます（烈《はげ》しい！）。

またこのころ交流があった儒学者の**頼山陽**《らいさんよう》（P197）も大塩を〝小陽明〟とその学識の高さを評する一方で、大塩宛てに「祈君善刀時蔵之（君に祈る、刀を善い時に之を蔵せよ）」という一節がある詩を贈っていて、あまりに強い正義感ゆえに直情径行《ちょくじょうけいこう》の節があったことを物語っています。同僚だったらちょっと怖いタイプかも……。

その後大塩は38歳で与力を引退して洗心洞での陽明学の講義や執筆業に専念するようになりました。その中で最も重視していた概念が、〝知行合一《ちこうごういつ》〟。知っているだけで実行しないのは本当の知とはいえない、実践のうえで知と行とが一致することが重要だ、という陽明学の命題ともいえる考え方です。

大塩が陽明学の教育に専念した7年間で政治の腐敗は益々進み、貧富の差は拡大。そのうえ天保の大飢饉が始まり、大坂でも餓死者が続出します。大坂町奉行は積極的な米価対策を行いますが、米不足を解消するまでには至りませんでした。

これが大塩の目には無策と映り、対策を大坂東町奉行の跡部良弼《あとべよしすけ》（老中・水野忠邦の弟）に進言しますが却下されて激高《げっこう》。5万冊の蔵書をすべて売り払い、お金と交換できる「施行札《せぎょうふだ》」を作って生活困窮者に配布。自身は武装蜂起を決意して、2000字に及ぶ檄文《げきぶん》を書き上げて各地に送り、決起を促しました。

ただその武装蜂起の計画とは、東町奉行の跡部良弼と西町奉行の堀利堅《ほりとしかた》がともに見回りをする日の休憩時間を狙って砲撃を仕掛け、両人同時に爆殺するという過激なもの。打ち明けられた門人たちは愕然として思いとどまるように説得し、離反者も続出します。しかし大塩の決意は固く、天保八年（1837）二月十九日「救民《きゅうみん》」の旗印を掲げて進撃を開始しました。

計画は離反者によって事前に大坂町奉行に知らされており、わずか半日で鎮圧されましたが、大塩が放った烽火《のろし》は大坂市内の5分の1を焼き、7万人もの人が焼け出される大惨事となってしまいました。

大塩はその後およそ40日市内に潜伏しましたが発見され、捕らえられる前に自ら火薬に火を放って爆死を遂げます。享年45。

この事件が世の中に与えた衝撃は甚大でした。まず大塩が元大坂町奉行所の与力、つまり武士であるにも関わらず体制批判を行い、武力蜂起という行動に移したという事実は、圧政に苦しむ民衆たちが、自分たちの支配者層に対して決起する勇気を与えるのに充分でした。

このため全国各地で「大塩門弟」「大塩残党」などの旗印を掲げた民衆が蜂起。越後国《えちごのくに》（新潟県）では生田万《いくたよろず》の乱が、摂津国《せっつのくに》（大阪府）能勢《のせ》郡では能勢騒動が起こります。

また、大塩が高名な陽明学者で〝知行合一〟を重視していたことから、大塩平八郎の乱は

〝知行合一〟の体現として受け止められた節があります。このためこれ以降、陽明学を学んだ人が目的を達成するために過激なテロリズムに走る傾向が強くなりました。

まさか〝知行合一〟の実践としてテロリズムが肯定されるとは……。王陽明も想定していなかったことでしょう。

儒学こぼればなし

大塩平八郎の日常

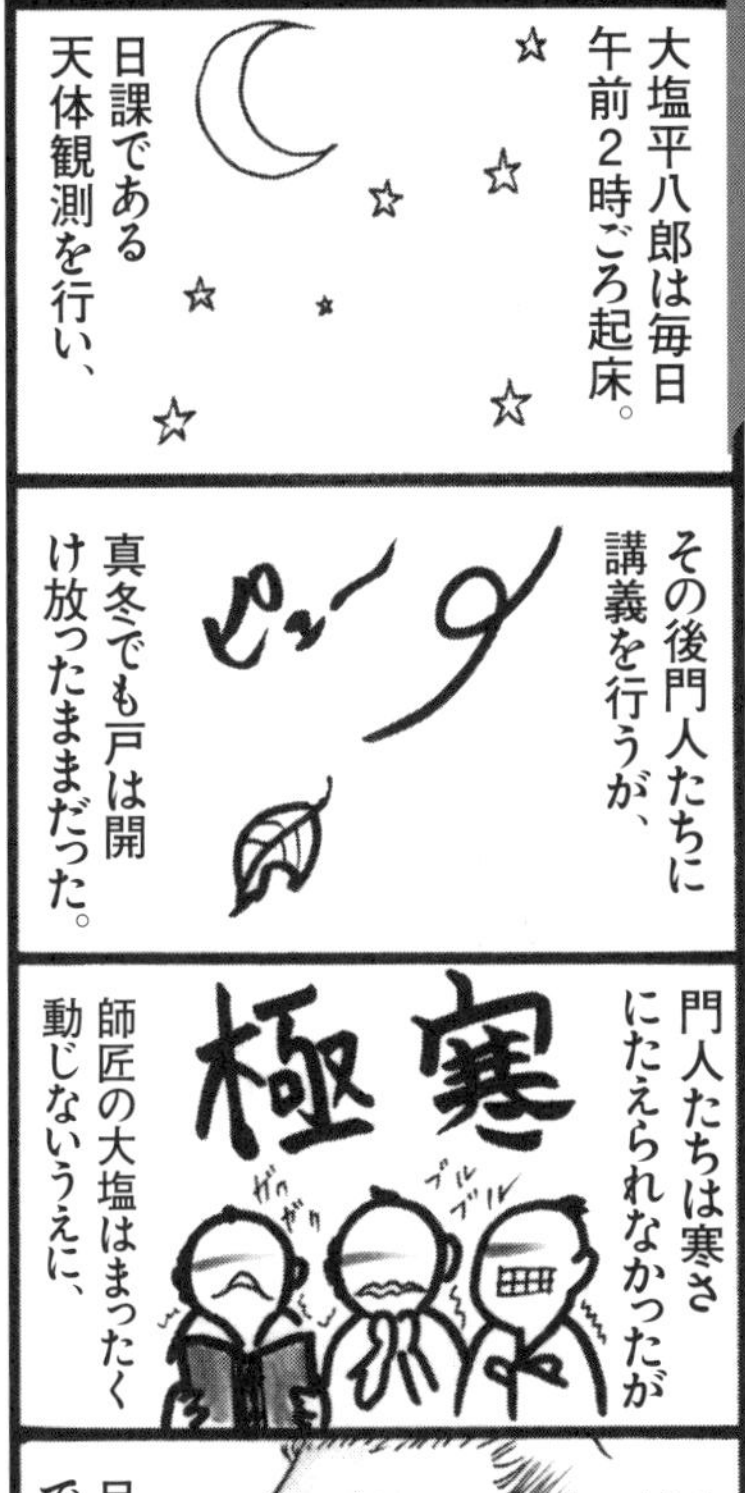
大塩平八郎は毎日午前2時ごろ起床。
日課である天体観測を行い、
その後門人たちに講義を行うが、
真冬でも戸は開け放ったままだった。
門人たちは寒さにたえられなかったが
極寒
ブルブル
師匠の大塩はまったく動じないうえに、
ものすごい気迫だったため、誰も
目を合わせることができなかったという。

自分にも他人にキビシイ！

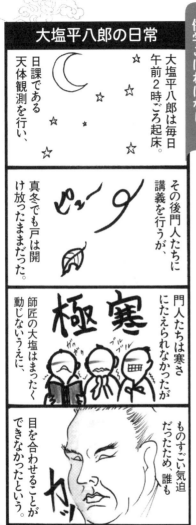

十三代　家定《いえさだ》と攘夷《じょうい》

◆治世を象徴する儒学の教え――出典／『春秋公羊伝《しゅんじゅうくようでん》』僖公《きこう》四年（攘夷《じょうい》）

【原文】

楚有王者則后服、无王者則先叛。夷狄也、而亟病中国。南夷与北狄交、中国不絶若线。桓公救中国、而攘夷狄、卒帖荊、以此為王者之事也。

【読み下し文】

楚《そ》、王者《おうじゃ》有《あ》れば、則《すなわ》ち後《のち》に服《ふく》し、王者《おうじゃ》無《な》ければ、則《すなわ》ち先《さき》に叛《そむ》く。夷狄《いてき》なり。而《しこう》して返々《かえすがえす》中国《ちゅうごく》を病《や》ましむ。南夷《なんい》と北狄《ほくてき》と交《まじ》はりて、中国《ちゅうごく》絶《た》へざること、綫《いと》の若《ごと》し。桓公《かんこう》、中国《ちゅうごく》を救《すく》ひて、夷狄《いてき》を攘《はら》ひ卒《にわか》に判《はん》を帖《じょう》す、此《こ》れをもって王者《おうじゃ》の事《こと》と為《な》すなり。

【現代語訳】

楚《そ》の国は王者があれば最も後に服従し、王者がなければ最も先に謀叛《むほん》を起こす夷狄《いてき》である。しかもしばしば**中国**（１→Ｐ１９４）を侵略した。南狄《なんてき》と北狄《ほくてき》も交わって中国を乱すので、中国が絶えないことは、糸のような心細いありさまであった。桓公《かんこう》は中国を救って夷狄を攘《はら》い、すっかり楚を服従させた。それでこれを、王者のすることだというのである。

【超要約】

王者は夷狄を攘う。

●「暗愚」のレッテルを貼られた将軍

🔑の解説はP194~195をご覧ください

30歳で将軍となった十三代将軍・徳川家定はペリー再来航により、日米和親条約を締結。その後、諸外国とも条約を締結して日本は「開国」した。しかしこれはあくまで和親条約であって、諸外国の求める「貿易」に応じるものではなかった。幕府は国防対策を進めながら、「貿易」を求める外国使節の対応に追われることとなった。

安政《あんせい》四年(1857)アメリカの総領事・ハリスは交渉のため家定に謁見している。ハリスの日記によると謁見中の家定は次のような様子であった。

短い沈黙の後、大君は自分の頭を、その左肩をこえて、後方へぐいっと反らし始めた。同時に右足を踏み鳴らした。これが3、4回くり返された。それから彼は、よく聞こえる、気持ちのよい、しっかりした声で、次のような意味のことを言った。『遠方の国から、使節をもって送られた書翰《しょかん》に満足する。同じく、使節の口上に満足する。両国の交際は、永久に続くであろう』

(ハリス『日本滞在記』岩波文庫より)

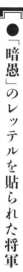

家定には首を左後ろに大きくひねって右足を踏み鳴らすのをくり返す、独特な所作があったということがわかる。**『旧事諮問録《きゅうじしもんろく》』**(🔑2)という別の資料にも「家定には癇癖《かんぺき》があったが困るようなことはなく、ただ首を振る癖があった」と書かれているから、首や手足が不随意に動く身体障害があったらしい。ただハリスの日記にあるように、自分の言葉で外国使節の応対をすることが可能で、知能に問題は無かった。『徳川実紀』にも、9歳で儒学の勉強を始めて14歳の時に四書を卒業したとあるから、学問好きでもあったのだ。

しかし、**『昨夢紀事《さくむきじ》』**(🔑3)によると幕閣たちは次の話題で持ち切りだったという。

「御子生まれさせたもうべき本つ根のおわさねばいかにせん」

家定には子どもを儲ける能力がないのでどうしようか、というのだ。家定は幼少期から病弱で身体障害もあり、世子の誕生は見込めないと周囲からみられていたらしい。また言語も不明瞭で天然痘《てんねんとう》の後遺症のあばたが顔に残っていた。

平和な時代ならいざ知らず、対外関係が緊迫するなかで将軍に国の顔としての役割が求められるようになると、家定の将軍としての資質が問題視されるようになり、安政年間には十四代将軍待望論が活発になった。家定に子どもはできそうにないから、次期将軍を将軍家以外の親戚筋から選ぼうということになったのだ。こうして将軍継嗣問題が勃発。**一《ひとつ》橋慶喜《ばしよしのぶ》**(🔑4)を十四代将軍に据えようとする政治グループ一橋派《ひとつばしは》が台頭した。

●「大攘夷」か「小攘夷」か

慶喜の「利発」「英明」を際立たせるため、現役の将軍である家定は一橋派からことさら「暗愚《あんぐ》」であると喧伝《けんでん》されるようになってしまう。一橋派の台頭は、〝攘夷〟論の盛り上がりとも密接に関わっている。

時間を少し巻き戻そう。嘉永六年（1853）のペリー来航を受け、幕府は「諸外国に対して日本はどう対応すべきか」と、武士はもちろん庶民にまで意見を求めた。結果、回答の大勢を占めたのは〝攘夷〟論であった。

〝攘夷〟論は冒頭で取り上げたように、自国を中華《ちゅうか》（文化の中心地）として他国を夷狄（野蛮な民族）と卑しめ、夷狄を攘う、退けるべしという儒学の思想だ。前提になっている中華というのは、本来は中国の王朝のことである。しかし日本では江戸時代に林羅山が**神武天皇《じんむてんのう》・太伯末裔説《たいはくまつえいせつ》**（🔑5）をとり、林鵞峰《がほう》と林鳳岡《ほうこう》によっていわゆる**華夷変態《かいへんたい》**（🔑6）が唱えられたことなどもあり、「日本こそ中華である」という考え方が浸透。

ここに「日本は天照大御神《あまてらすおおみかみ》の血統を継ぐ天皇が統べる神州《しんしゅう》＝神の国であるから世界一優れている」「欧米列強は、通商やキリスト教などの文化によって人心を惑わせる害悪だから駆逐《くちく》するべき」という神道的論調も加わった。時の天皇である孝明天皇《こうめいてんのう》も強い〝攘夷〟の思いを持っており、〝攘夷〟の方針は当時の日本人にとっての大前提となっていった。

ただし後に言うところの「大攘夷《だいじょうい》（すぐにではなく富国強兵《ふこくきょうへい》の末に改めて攘夷を行うという考え）」か「小攘夷《しょうじょうい》（すぐにでも攘夷を実行するべきで戦争になっても構わないという考え）」かという点で見解は割れた。

人気を集めたのは「小攘夷」だ。徳川斉昭《なりあき》（元水戸藩主。一橋慶喜の父親）は、幕府への意見書で「一戦交えてでも異国船は打ち払うべし！」という「小攘夷」の持論を展開して存在感を示し、当時の老中首座・阿部正弘《あべまさひろ》からも一目置かれた。武士本来の戦闘員としての職責を果たそうという勇ましい主張は、世論の支持も集めやすかった。

しかし「大攘夷」を主張して耳目を惹いた人物もいる。彦根《ひこね》（滋賀県）藩主・井伊直弼《いいなおすけ》だ。井伊が提出した意見書の趣旨は「攘夷を主張するだけでは平和は保てないので、鎖国にこだわらず開国したほうが良い。今、諸外国と戦争になれば日本は負けるから、将来必ず勝つ体制を作るために、まずは貿易をして国を豊かにするべき」というもの。いわゆる「大攘夷」の視座に立ち、「開国」のみならず「貿易」の必要性に踏み込んだ意見書は注目を集めた。

世界情勢を鑑《かんが》みれば日本が「鎖国」の継続や「小攘夷」の実行が無謀なことは明白であり、幕閣にとって「開国」は暗黙の既定路線。積極的な「貿易」を主張する勢力も存在したからだ。

●鶴の一声で井伊直弼《いいなおすけ》が大老に就任

しかしそれを表立って幕府の方針として主張することは憚られるほど、徳川斉昭らが主張する「小攘夷」論は盛り上がりを見せていた。「開国」「貿易」を実現させるためには、斉昭と対等に渡り合えるような、矢面に立ってくれる存在が必要だった。そんななかで彗星《すいせい》のごとく現れたのが、井伊直弼だったのである。

嘉永七年(1854)のペリー再来航を受け、幕府は日米和親条約を結び「開国」した。しかし「貿易」は孝明天皇が断固拒否していることもあり回答を先送りにする。

猛烈な〝尊王〟(P196)思想をもつ徳川斉昭は天皇の考えを何より尊重すべきという立場をとった。しかし幕府としては「開国」したからには「貿易」も認めないわけにはいかないため、通商条約調印に向けてなんとか天皇からの許可＝勅許《ちょっきょ》を得ようと奔走した。

そのようななかで、前述の将軍継嗣問題が沸き起こり、徳川斉昭の息子・一橋慶喜を十四代将軍に据えようとする一橋派が台頭したのである。一橋派には幕政への発言権の強化を望む有力諸侯が与《くみ》したので、思想は一枚岩ではなかった。ただ、そのフィクサーたる徳川斉昭には〝尊王〟〝攘夷〟の実現という強い思惑があった。

この一橋派の対立軸として形成された派閥が、十四代将軍には紀州藩主・徳川慶福《よしとみ》（後の家茂《いえもち》）がふさわしいとする南紀派《なんきは》である。慶福は八代将軍・吉宗の子孫で家定の従兄弟である。「血統」的には最もふさわしい人選だ。

南紀派の首領となったのは井伊直弼だった。井伊家は譜代大名筆頭の家柄で、直弼の将軍家に対する忠誠心は並大抵ではなかった。徳川家を頂点とする秩序を取り戻し、幕府主導で国難に対応していく体制を整えるのが彼の願いだった。

また将軍継嗣問題においても現職の将軍である家定の意向を何より最優先すべきであるという姿勢を貫き、家定や大奥、譜代大名からの支持を得た。

一橋派と南紀派の派閥抗争は熾烈を極め、安政五年（1858）にはついに一橋派の**松平慶永《よしなが》（のちの春嶽《しゅんがく》）**（🔑7）を**大老《たいろう》**（🔑8）に据えようという動きが表面化する。しかしこの時、誰あろう家定が鶴の一声を発した。

「家柄、人物、ともに優れる井伊直弼を差し置いて松平慶永に任せる筋はない」

家定を「暗愚」であると人格否定をしてきた一橋派に、人事で一矢報いた形だ。そしてこの人事が家定にとって最後の大仕事となった。もともと健康不安を抱えていた家定は、南紀派・井伊直弼の大老就任、慶福の将軍継嗣決定、日米修好通商条約への調印を見届けると力尽きたように亡くなった。死因は脚気衝心《かっけしょうしん》（心不全）と考えられている。享年35。

◆家定と攘夷　キーワード

※186ページからの文中の🔑と対応しています

(🔑1)中国

世界の中心・中華の国のこと。

(🔑2)『旧事諮問録《きゅうじしもんろく》』

明治20年代に東京帝国大学史談会の有志が行った、かつて江戸幕府に仕えた諸役人に対するインタビューの記録。

(🔑3)『昨夢紀事《さくむきじ》』

越前《えちぜん》(福井県)藩士の中根雪江《なかねゆきえ》による、藩主の松平慶永《まつだいらよしなが》の記録。嘉永《かえい》六年(1853)のペリーの来航翌日から安政《あんせい》の大獄《たいごく》に至るまでの出来事が克明に記されている。

(🔑4)一橋慶喜《ひとつばしよしのぶ》

水戸《みと》(栃木県)藩主・徳川斉昭《とくがわなりあき》の七男。「利発」「英明」で知られ十二代将軍・家慶からも可愛がられた。御三卿一橋家当主となり、将軍継嗣問題の際は十四代将軍の座を巡って徳《とく》川慶福《がわよしとみ》(のちの家茂《いえもち》)と激しく争う。

(5)神武天皇《じんむてんのう》・太伯末裔説《たいはくまつえいせつ》
神武天皇は太伯の末裔であるとする説。太伯は古代中国の周《しゅう》王朝の先王・古公亶父《ここうたんぽ》の長男で、後に呉《ご》を建国したと伝わる人物。

(6)華夷変態《かいへんたい》
もとは長崎奉行から提出された唐船《からふね》がもたらした風説書《ふうせつがき》を、林家が編纂した海外情報集のタイトル。漢《かん》民族の王朝・明《みん》が満州《まんしゅう》民族の清《しん》に倒されたことを指す。中華が夷狄に倒されて変貌してしまったという意味。

(7)松平慶永《よしなが》(後の春嶽《しゅんがく》)
三代目田安家当主・斉匡《なりまさ》の八男として生まれるも、越前(福井県)松平家に養子に出され十六代藩主となる。一橋《ひとつばし》派《は》に与するも積極的開国論者であり、開明的な名君として知られる。安政の大獄で隠居して以降は春嶽の号を通称に用いた。

(8)大老《たいろう》
江戸幕府の最高職。定員は1名で常置《じょうち》ではない。老中の上に位置するほぼ実権を持たない名誉職であったが、幕末の混迷期には強力な政治の舵取り役を期待された。

当代儒学動向

「尊王攘夷」運動と頼山陽の『日本外史』

安政五年（１８５８）、大老・井伊直弼の責任のもとに日米修好通商条約が結ばれました。直弼は孝明天皇からの勅許が得られるのを待つため、調印を延期するよう指示をしていましたが、現場の交渉担当に「もう引き延ばすのは無理、このままだとアメリカと戦争になりかねません！　やむを得ない時は調印していいですか！」と言われ、やむなく承認。

結果として、天皇からの承認が得られないままの違勅調印《いちょくちょういん》という形で条約が結ばれたわけです。この日米修好通商条約の違勅調印に不満を持つ人たちが掲げるようになったスローガンが「尊王攘夷《そんのうじょうい》」でした。〝尊王〟と〝攘夷〟はもともとどちらも儒学に由来し、当時多くの日本人の思想的ベースになっていました。井伊直弼はもちろん、将軍を筆頭に幕府の関係者ももれなく天皇を敬う〝尊王〟思想を持っていましたし、〝攘夷〟に関しても前に（Ｐ１９０）述べた通りです。

しかし、これを結び付けた造語の「尊王攘夷」は特定の政治思想を指します。言葉としての初出は、天保九年（１８３８）に、水戸藩の儒学者・**藤田東湖**《ふじたとうこ》が創案し、当時の水戸藩主・

徳川斉昭が書いた『弘道館記《こうどうかんき》』の次の一文。

我東照宮撥乱反正尊王攘夷允武允文以開太平之基

我らが東照宮（徳川家康）は、乱を治め、天皇を敬い、外国を打ち攘い、文武を奨励して泰平の世を築いた、という意味ですね。この時点では徳川斉昭の先祖の徳川家康の功績を讃える言葉として「尊王攘夷」が用いられたということです。

これが安政五年（1858）の日米修好通商条約の違勅調印以降、天皇の意志に背いたことは〝尊王〟思想に反し、「貿易」を行うことは〝攘夷〟思想に反しているから認められないということになり、〝尊王〟と〝攘夷〟が結び付いた「尊王攘夷」がイデオロギー化。

当初は違勅調印を断行した井伊直弼など幕閣へのアンチテーゼでしたが、徐々に幕府そのものに反抗し、反幕府的政治活動をすることを「尊王攘夷」運動と呼ぶようになります。

この「尊王攘夷」の志士たちバイブルとして知られる本が、**頼山陽**《らいさんよう》の『日本外史《にほんがいし》』です。頼山陽は、父は朱子学を修め広島藩の儒学者として登用された人で、母は詩人というアカデミックな環境で生まれ育ちました。18歳になると江戸に遊学。寛政の三博士の**尾藤二洲**《びとうじしゅう》に師事して数年間にわたって朱子学を学びますが、広島に帰国後に脱藩を企てたことで自宅に幽閉となります。この幽閉期間に初稿を書き上げたのが『日本外史』です。外史というのは民間による歴史書という意味で、平安時代末期の源平合戦から鎌倉幕府、室町幕府、そして江戸幕府に至るまでの武家の興亡の軌跡がつづられています。

歴史考証的な間違いや頼山陽独自の史観に基づく主観的記述も多く、学術書としては問題がある本です。しかし学者による歴史書とは違うわかりやすい文体や、主観に基づくゆえのエモーショナルな表現は現代の歴史小説に近く、多くの読者、特に若者層に熱烈に支持されてベストセラーとなりました。それまでの藩校などでの歴史教育は、『史記《しき》』など中国の歴史書の読解がメインでしたから「日本史ってこんなに面白いんだ！」という新鮮な驚きもあったことでしょう。余談ですが、私は小学生のころに読んだ司馬《しば》遼《りょう》太郎《たろう》先生の歴史小説が、日本史にハマるきっかけでした。おそらく当時の若者たちも、『日本外史』をきっかけに日本史の面白さに気づかされたのではないかと想像しています。

ちなみに、頼山陽自身は朱子学を学んだ人ですから『日本外史』にも朱子学思想が色濃く反映されています。「寛政異学の禁」を行った松平定信にも『日本外史』が献上されていることからもわかる通り、この本自体には「徳川幕府の打倒」という意図は一切ありません。むしろ天皇親政の失敗などが、忌憚《きたん》なく描かれています。

しかし、たとえば湊川《みなとがわ》の戦いで後醍醐天皇《ごだいごてんのう》のために命を落とす楠木《くすのき》正成《まさしげ》の描写などを読むと、「天皇のために命を懸ける」ことがあたかも最高の美事《びじ》のように感じられます。また数百年にわたる歴史叙述のなかで、鎌倉幕府、室町幕府の滅亡が描かれています。これを拡大解釈して「徳川幕府もいずれ滅亡する」と受け止める読者もいたでしょう。

つまり「尊王攘夷」運動との親和性がすこぶる高かったのです。このため『日本外史』は憂国の若者たち、特に「尊王攘夷」の志士《しし》のバイブルとして知られるようになりました。

儒学こぼればなし

幕末のifへ『日本外史』オフ会

頼山陽の『日本外史』といえば、長州藩など
松陰先生も読んじょった。
長州藩
伊藤博文
「尊王攘夷」派や、
土佐藩などの「勤王」派の志士の愛読書
武市半平太も読んでたぜよ。
土佐藩（脱藩）
坂本龍馬
として知られているが、
幕府に忠誠を誓う「佐幕」派にも
実は、
スッ
それがしも……
新選組局長
近藤勇
日本外史
愛読者は多かった。
皆で酒を飲みながら、『日本外史』トークを
どこが一番好き？
やっぱり楠木正成の最期か…
わかる！アツイよな
したら仲良くなっていたかも？

愛読書が同じだと盛りあがります

十四代　家茂《いえもち》と調和《ちょうわ》

◆治世を象徴する儒学の教え——出典／『論語』巻一　学而《がくじ》第一（和為貴《わをとうとしとなす》）

【原文】

有子曰、礼之用**和為貴**《わをとうとしとなす》（1→P210）。先王之道斯為美、小大由之、有所不行。知和而和、不以礼節之、亦不可行也。

【読み下し文】

有子《ゆうし》曰《いわ》く、礼《れい》の用《よう》は和《わ》を貴《とうと》しと為《な》す。先王《せんおう》の道《みち》も斯《こ》れを美《び》と為《な》す、小大《しょうだい》これに由《よ》るも行《おこ》なわれざる所《ところ》あり。和《わ》を知《し》りて和《わ》すれども礼《れい》を、もってこれを節《せっ》せざれば、亦行《またおこ》なわる可《べ》からず。

【現代語訳】

有子《ゆうし》がおっしゃいました。

「〝礼〟のはたらきとしては調和が尊いものです。昔の王者も調和をもって国を治めることを美徳としました。大きなことも小さなことも、調和が基本です。しかし調和にばかりたよっていてはうまくいかないこともあります。調和が大事と知って仲良くなっても、〝礼〟をもって節度をもってつきあわないと上手くいかなくなるものです」

【超要約】

人間関係は礼節をもった調和が大事。

●名君・吉宗公の面影

🔑の解説はP210〜211をご覧ください

家茂は徳川御三家・紀州徳川家の出身。父は十一代紀州藩主・徳川斉順《なりゆき》だが家茂誕生の前に亡くなり、十二代紀州藩主となった叔父の斉彊《なりかつ》もまもなく亡くなった。このため、数え四歳にして家茂が十三代紀州藩主となる。

そして将軍継嗣問題が勃発すると、十四代将軍の有力候補として担ぎ上げられた。このころに南紀派の首領・井伊直弼に報告された家茂の素顔は、

「ご性質は聡明で、同年代の子どもに比べると理解や判断が早く、天性の慈悲深さがあって人徳が備わっており、文武も芸術も率先しておやりになるので、紀州藩の者は皆敬服しています」

(『井伊家史料』より現代語訳)

というもの。話半分に聞いたとしても絶賛だ。

家茂が賢く性格が良いというのはさまざまな史料に残っていて、特に幼少期から抜群の性格の良さであったことを伝える逸話が豊富にある。

たとえば紀州徳川家の正史『南紀徳川史』によると、家茂の柔術の頭取に池端善作《いけはたぜんさく》という人物がいて、家茂がよく懐いていた。ことあるごとに膝によじのぼっては、禿げ頭を撫で

ながら「善作のあたまは樽柿《たるがき》(🔑2)のにおいがする」と言って戯《たわむ》れた。

ある時善作が家茂の側衆《そばしゅう》の柔術の相手をしている時に、側で見学していた家茂の手を踏みつけてしまったことがあった。善作が陳謝すると、家茂は「何ともなし」といって平静をよそおった。しかし両目からは涙がぼたぼたと流れ落ちていた。自分が騒げば善作が罰せられるだろうと考え、必死に痛みをこらえたのだ。

家茂がこういう性格だったので仕える者たちは「この君を盛り立てよう」という気持ちになり「(紀州藩主から徳川将軍になった)吉宗公の面影がある」と讃えて、将来を嘱望《しょくぼう》した。

十四代将軍に就任したのは安政五年(1858)、13歳の時である。

このころから、**四書五経や『貞観政要』といった儒学系テキストの講義はもちろん、『徳川実紀』など将軍家の正史の読み聞かせ、といった本格的な帝王学教育が行われた記録が残っている。**

家茂の教育を主導したのは大老に就任した井伊直弼だ。一橋派との熾烈な政争に勝利して将軍の座に押し上げたとはいえ、まだ若年である家茂を一日も早く一人前に育て上げることが自分の務めだという責任感もあったのだろう。

●桜田門外の変と「公武合体」

そんな直弼の親心を家茂は時に煩《わずら》わしく感じたようで、一時期は文武の修練そっちのけで趣味の乗馬を行うなど、わがままな言動で直弼を困らせた。しかしこれは家茂の性格が変わってしまったことを意味するのではなく、思春期の少年による年相応の反抗と見るべきだ。家茂は折に触れて、将軍家伝来の品を直弼に下賜《かし》してその労をねぎらっており、二人の間にゆるぎない信頼関係があったことを物語っている。

であるので、安政七年（1860）の桜田門外《さくらだもんがい》の変《へん》は、家茂にとって相当なショックを与えたらしい。**安政の大獄《たいごく》**（🔑3）を恨む水戸藩や薩摩藩の浪士らによって、江戸城桜田門外で井伊直弼が暗殺された事件である。

直弼の死後は、家茂のわがままな言動の記録は見られなくなり、以前にもまして熱心に学問に取り組むようになる。特に**儒学は1回に複数の儒学者を招いて講義を受けるという異様な力の入れようだった。**

桜田門外の変という未曾有のテロ事件を経て、混迷の一途をたどる政局を安定させるべく、幕府が推し進めたのが「公武合体《こうぶがったい》」だ。「開国」「貿易」路線を進める幕府に不信感を持つ孝明天皇との関係性を修復し、公家と武家が一体となって国難に立ち向かう体制を作ろうとしたのだ。その具現化として企画されたのが孝明天皇の妹・和宮《かずのみや》の降嫁《こうか》である。

文久《ぶんきゅう》二年（１８６２）には江戸城にて皇女《こうじょ》・和宮と家茂の婚儀が行われた。露骨な政略結婚であったため、プライドの高い和宮は当初まったく打ち解けようとしなかった。

しかし家茂は「和宮と仲睦まじく、心から大切に思えば自然と公武合体は上手くいく。形ばかりで心が通わないようであれば成就することはない」（**『再夢紀事《さいむきじ》』**（🔑４）より意訳）という考え方を持っていた。

このため和宮の心が少しでも和らぐようにと心をくだく。外出先で珍しい金魚や美しい花を見かけた時は、江戸城に帰るとすぐに彼女のもとを訪れてプレゼントするなど、敬意をもって親愛の情を表現し続けた。

また家茂自身や幕府が〝尊王〟の立場であることを、目に見える形で示すべく上洛。和宮の兄の孝明天皇のいる京都御所を訪れて、臣下として挨拶をし、朝廷と幕府の信頼関係を改善させることに成功した。将軍の上洛は２２９年ぶりの壮挙《そうきょ》である。

このような家茂の真心の甲斐あって、和宮はすっかり打ち解け、二人は真に仲睦まじい夫婦となった。

●〝礼〟をつくした一橋派との対話

さらに家茂が積極的に行ったのが一橋派との対話だ。たとえば安政の大獄で隠居謹慎処分になっていた松平春嶽を赦免し、江戸城に招いて幕政への参与を依頼。さらに御人払《おひとばらい》御用《ごよう》という一対一の面会の場を儲けた。『再夢紀事』によると、家茂は褥《しとね》もしかず脇差も外し、四尺（約1・2m）の位置まで春嶽を呼び寄せて、

「紀州藩主のころに一度お目にかかりましたね」

と話しかけた。春嶽が、

「いえ、今日初めてお目にかかります」

と正直に応えたうえで、

「この度の御赦免、大変ありがたく存じます」

と申し上げると、家茂は、

「長いこと隠居謹慎をされ、窮屈な思いをされたでしょう。大変お気の毒でした」

とねぎらい、その後は**春嶽からの政治に対する持論や助言を熱心に聞いた。**

春嶽は幕府の威光は地に落ち、いつ滅びてもおかしくない状況だという厳しい指摘もし

たが、家茂は黙ってすべて受け入れた。そして春嶽が退出する際には「明日も来てほしい」と声をかけたという。その後、家茂は春嶽を政治総裁職という新たなポストに任じるなど厚遇した。

また最大のライバルであった一橋慶喜に関しても、将軍後見職に任命して**最大限に顔を立てた。さらにプライベートで狩りに誘う**など、将軍継嗣問題によって冷え切った関係性をなんとか血の通ったものにすべく奮闘する。

こうした家茂の健気な振る舞いは、かつて政敵であった二人の心を大いに動かした。家茂のことを春嶽は「この君の為に泣かないのは木石《ぼくせき》に等しい」、一橋慶喜は「とんと邪気というものがなく、結構なお方」と激賞。家茂の下で春嶽と慶喜が主軸となり**「文久の改革」**(🔑5)が行われるに至る。

以上のように、**家茂は人間関係における調和を重視した。そして調和の前提には相手に対する心からのリスペクトを表現する態度、つまり〝礼〟があり、それが相手に伝わったからこそ良好な関係を築くことに成功しているのだ。**

これはもちろん、彼の生来の性格の良さに由来するところが大きいだろう。ただ冒頭で取り上げた『論語』の「礼《れい》の用《よう》は和《わ》を貴《とうと》しと為《な》す」をなぞるような振る舞いにも見え、儒学の影響も少なからずあったのではないかと私は考えている。

●「理想の将軍」になりたくて

文久の改革を行う際に家茂は可愛がっていた小鳥を解き放ち、鳥小屋もすべて撤去した。側近たちは日々の癒しが無くなるのではと心配したが、家茂は「文武に励むことが慰めになる」と言って、これ以降一層、学問や武術の修練に励むようになった。

幕府の学制改革も行われ、林大学頭家の上に学問所が置かれて、儒学の教授陣が増員されている。また、家茂は江戸城に養賢閣《ようけんかく》という私的な学問所を設けて、側近たちにも儒学者の講義などを受けさせ、時に主従で**会読**《かいどく》（🔑6）し、議論を行った。

家茂自身も激務のなかでも日々の学問を欠かすことはなく、儒学のテキストの**素読**《そどく》（🔑7）はもちろん、『日本外史』の講義を受けた記録も残っている。

このように**家茂は歴代将軍のなかでもとりわけ勤勉で、儒学重視の傾向が強い将軍なのだ**。一体なぜだろう？　状況から推察するしかないが、家茂は儒学のテキストの中に「理想の将軍」像を求めたのではないか。家茂にはロールモデルがいなかった。物心つくかつかぬかで紀州藩主になった時には、既に父親も叔父も亡くなっていたし、将軍になった時も前任者の仕事ぶりから学ぶ機会は皆無だった。頼りになる井伊直弼も横死《おうし》。**「理想の将

軍」になるためには歴史上の名君を手本にするしかなかった。

性格が良すぎる彼は周囲からの期待に応え、一日も早く「理想の将軍」にならなければという義務感に駆られただろう。だからこそ一心不乱に儒学に打ち込み、自分もそこに書かれている名君のように振る舞ったという側面があるのではないかと、私には思えてならない。

また「利発」「英明」な一橋慶喜と常に比較されるプレッシャーは、相当なものだったようだ。慶應《けいおう》元年（1865）の上洛時には、**神戸《こうべ》鎖港問題《さこうもんだい》**（🔑8）で老中と一橋慶喜の意見が割れ大喧嘩となったが、これを見ていた家茂は突然ぼたぼたと涙を流し、「何とも致呉候《いたしくれられそうろう》（どうにでもしてくれ）」と言って朝廷に辞表を提出。慶喜に将軍職を譲ろうとする。

慶喜は驚いて思いとどまるよう説得し、辞表は撤回されるのだが、このころには家茂が精神的に相当追い込まれていたことがうかがえる。

「自分よりも慶喜が将軍になったほうが良かったのではないか……」

そんな思いがぬぐい切れなかったのだろう。

過度のストレスは家茂の心身を蝕《むしば》み、慶応二年（1866）、第二次長州征伐《ちょうしゅうせいばつ》の陣中の大坂城で突然倒れ、脚気の悪化による心不全で急死した。享年21。

◆家茂と調和　キーワード

※200ページからの文中の🔑と対応しています

🔑(1)和為貴《わをとうとしとなす》

四字熟語の「用和為貴《ようわいき》」や、聖徳太子《しょうとくたいし》による十七条憲法《じゅうしちじょうけんぽう》の第一条「以和為貴《わをもってとうとしとなし》～」や、慣用句の「親しき中にも礼儀あり」の出典。

🔑(2)樽柿《たるがき》

渋抜きして甘くした柿の御菓子のこと。家茂は大の甘党。

🔑(3)安政の大獄《たいごく》

安政五年～六年（1858～1859）大老・井伊直弼が主導した一橋派の弾圧。公卿・大名・志士ら100名余りを処罰し、吉田松陰《よしだしょういん》・橋本左内《はしもとさない》ら8名を死刑とした。

🔑(4)『再夢紀事《さいむきじ》』

越前藩士の中根雪江による藩主の松平慶永（後の春嶽）の記録。『昨夢紀事』（P194）の続編で、序論で安政の大獄での慶永謹慎中の情勢を、本文では文久《ぶんきゅう》二年（1862）四月二十五日に慶永の謹慎が解かれた時から同年八月二十七日までを記録している。

(5)「文久の改革」

文久年間に行われた幕府の諸改革の総称。幕府は安政の大獄で弾圧した一橋派を赦免《しゃめん》し、活動の自由を承認。折しも薩摩《さつま》藩(鹿児島県)の島津久光《しまづひさみつ》が公武合体運動を進めるべく勅使の大原重徳《おおはらしげとみ》をともなって江戸に到着した。これにより、幕府は朝廷と薩摩藩の要望を受け入れ、慶喜を将軍後見職に、松平慶永を政事総裁職に任命。この両者の主導のもとで朝廷・雄藩への宥和《ゆうわ》政策や幕政改革が進められた。

(6)会読《かいどく》

多人数が集まって書物を読み研究すること。江戸時代の教育機関ではよく見られる形態だが、将軍が側近たちの会読に加わることは珍しかった。

(7)素読《そどく》

古典の原文をくり返して読み、暗誦する学習法。江戸時代の儒学教育で重視され、とくに武家の学校や塾での学習のはじめは素読から始まった。

(8)神戸鎖港問題《こうべさこうもんだい》

慶應元年(1865)諸外国の艦隊が兵庫に集結し、通商条約の勅許と神戸港の開港を求めた問題。孝明天皇は断固攘夷を主張したが、老中は即時開港を主張。一橋慶喜は、勅許を得ずに開港すれば反幕府の活動が激化するとして、議論が膠着《こうちゃく》した。

「佐門の二傑」～佐久間象山と山田方谷

江戸儒学界の大成者として知られる**佐藤一斎**《さとういっさい》。その著書『言志四録』《げんししろく》（『言志録』、『言志後録』『言志晩録』、『言志耋録』《てつ》の四書の総称）は、西郷隆盛《さいごうたかもり》の愛読書だったことでも有名です。たとえばこんな一節があります。

君子とは有徳の称なり。其の徳有れば、則ち其の位有り。徳の高下を視て、位の崇卑を為す。叔世に及んで其の徳無くして、其の位に居る者有れば、則ち君子も亦遂に専ら在位に就ついて之を称する者有り。今の君子、盍ぞ虚名を冒すの恥たるを知らざる。

（『言志録』より）

「君子とは〝徳〟の有る人のことで、昔は〝徳〟が高いから高い地位につくことができた。しかし今は、〝徳〟がなくとも高い地位につくことができ、君子と呼ばれるようになった。今の君子は実質がともなわないのに君子と呼ばれることを恥ずかしいと思わないのか」とい

う意味ですね。このような人の上に立つ人への戒めの言葉や心構えはもちろん、

一燈を提げて暗夜を行く。暗夜を憂うることなかれ。ただ一燈を頼め

（『**言志晩録**』より）

のような、心を鼓舞《こぶ》する名言もつづられています。

佐藤一斎は昌平坂学問所の総長でしたから立場上は朱子学者ですが、陽明学も否定しない包容力を持った思想家でした。一斎を慕って全国から3000人ともいわれる門下生が集まり、歴史に名を刻む逸材を多数輩出しています。幕府の鎖国政策を批判して蛮社《ばんしゃ》の獄《ごく》で処罰された**渡辺崋山**《わたなべかざん》、幕末の政局の一翼を担った松平春嶽のブレーン・**横井小楠**《よこいしょうなん》、海外事情に詳しく海防論の第一人者として知られた**安積艮斎**《あさかごんさい》など枚挙にいとまがありませんが、ここでは「佐門《さもん》の二傑《にけつ》」と呼ばれる二人の傑物《けつぶつ》をご紹介します。

一人目は**佐久間象山**《さくましょうざん》。信州松代《まつしろ》（長野県）の下級藩士の子として生まれますが、3歳で読み書きができたという逸話が伝わるほどの天才ぶりで、将来を期待され江戸に遊学して佐藤一斎の門下となった人です。自身も朱子学者として塾を開きます。主君の松代藩主・真田幸貫《さなだゆきつら》が海防掛《かいぼうがかり》に就任すると顧問に抜擢され、日本が対外戦争の危機に直面しているこ

とを悟って海外事情を研究。オランダ語や西洋砲術もマスターして、西洋兵学の第一人者としてその名は天下に轟き、**勝海舟**《かつかいしゅう》、**吉田松陰**《よしだしょういん》、**坂本龍馬**《さかもとりょうま》らが門下に名を連ねます。

象山のモットーは〝東洋道徳、西洋芸術（道徳や政治体制においては儒学の伝統を重視し、物理や科学などの分野においては西洋技術を積極的に取り入れるべし）〟で、これが明治以降の近代化のスローガンとなる〝和魂洋才《わこんようさい》（日本古来の伝統や精神を大切にしながら、西洋の学問や知識、技術を取り入れるべし）〟の思想的原点になっていきます。

しかし象山は、その才能を鼻にかけて不遜な態度をとり、人を見下す節があるのが玉《たま》に瑕《きず》。尊王攘夷論者に敵視され、元治元年（1864）、暗殺によってその生涯を終えました。

もう一人は**山田方谷**《やまだほうこく》です。備中《びっちゅう》（岡山県）の教育熱心な郷士の家に生まれて朱子学を学び、備中松山《まつやま》藩に仕官しました。やがて陽明学に傾倒。江戸に出て佐藤一斎の下で塾頭となり、さらに陽明学の理解を深めてゆきます。

帰藩すると、藩主・板倉勝静《いたくらかつきよ》のもとで藩の会計責任者となりますが、蓋を開けて見れば備中松山藩には10万両の負債があり、財政破綻寸前！　そこで方谷は質素倹約をベースに綿密な返済計画を立て、負債を僅か7年ほどで完済。さらに10万両もの蓄えを作って財政を見事建て直し、さまざまな藩政改革を実行しました。その手腕は世間に広く知られ、**高**《たか》**杉晋作**《すぎしんさく》、**河合継之助**《かわいつぐのすけ》といった面々に影響を与えます。

方谷がモットーとしたのは〝至誠惻怛《しせいそくだつ》（真心と、悲しんで心をいためる気持ちを兼ね備えて生きるべし）〟。目上には誠を、目下には慈しみをもって接することを重視しました。やがて藩主の板倉勝静は藩政改革の功績が認められて幕府の老中になり、方谷もブレーンとして補佐して幕政に影響を与えましたが、幕府は瓦解《がかい》。明治新政府から出仕を求められます。しかし方谷はこれを断り、以降は地元の教育環境の充実に力を尽くしました。

儒学こぼればなし

教育者佐藤一斎の包容力

江戸儒学の最高峰である佐藤一斎のもとには個性的な門人が多数集まった。
自信家の秀才・佐久間象山は、よく塾頭の山田方谷に議論をふっかけ、
これからはとにかく西洋の技術カ！
反論あれば どうぞ〜（笑）
キラッ
論戦は深夜まで続いたという。
儒学を極めれば解決する！
前にも言ったよね!?
イラ
イラ
やかましいので他の門人はたまらず、
師匠の一斎に仲裁をたのんだが、
まあ、やらせておきなさい
と、二人の声を楽し気に聞いていたという。

門人は競い合わせて成長をうながす

十五代　慶喜《よしのぶ》と尊王《そんのう》

◆治世を象徴する儒学の教え――出典／『朱子語類《しゅしごるい》』孟子三　公孫丑上之下（尊王攘夷《そんのうじょうい》）

【原文】

齊桓公時、周室微弱、夷狄強大。桓公攘夷狄、尊王室。

【読み下し文】

齊桓公《せいかんこう》の時《とき》、周王室《しゅうおうしつ》は微弱《びじゃく》なり、夷狄《いてき》は強大《きょうだい》なり。桓公《かんこう》は夷狄《いてき》を攘《はら》い、王室《おうしつ》を尊《とうと》びたり。

【現代語訳】

斉《せい》の桓公《かんこう》の時代には、周《しゅう》の王室は衰弱し、夷狄《いてき》（異民族）が勢力を強めていた。桓公は夷狄を追い払って、衰弱してはいても周の王室を尊んだ。

【超要約】

王室を敬うべし。

●水戸藩と〝尊王〟

🔑の解説はP229～231をご覧ください

徳川慶喜を理解するためには、まず、御三家・水戸徳川家出身というバックグラウンドを理解する必要がある。

水戸藩（茨城県）は全国でいち早く海防意識が高まりを見せた地域だ。19世紀のはじめごろから、列強諸国の船は日本近海に出没するようになっていた。来航の思惑は国によってさまざまであったが、文政《ぶんせい》七年（1824）3月になると、ほぼ毎日のように水戸藩の太平洋沖に外国船が姿を見せるようになり、5月にはついにイギリス人12人が大津浜《おおつはま》に上陸（大津浜事件）した。

いわゆる鎖国体制下において、外交窓口がある長崎の出島ではなく、江戸からほど近い水戸に外国人が上陸するというのは前代未聞の出来事であった。水戸藩はもちろん幕府も衝撃を受ける。尋問の結果、イギリス人たちが主張する上陸の理由は、

「自分たちは捕鯨《ほげい》目的で航海中だ。船員が病気なので新鮮な水や食料を補給したい」

とのこと。幕府は文化《ぶんか》の薪水給与令《しんすいきゅうよれい》もあるので、水と食料を与えて外国人を船に帰し、穏便に処理した。

しかし尋問を担当した水戸藩の儒学者・**会沢正志斎**《あいざわせいしさい》（🔑1）は幕府の弱腰な対応を猛批判。「イギリスの本心は日本への領土的野心だ！　捕鯨など口実に過ぎず、信じる日本人がいたら外国に味方しているようなものだ！」という趣旨の〝攘夷〟論を展開した。

外国人来航問題は大津浜事件の他にも起こっており、文政八年（１８２５）には幕府も「異国船打ち払い令」を出して外交方針を〝攘夷〟へと大きく転換することになる。

こうした情勢を受け、正志斎は『新論』を上梓した。

『新論』は諸外国に対する日本独自の国の在り方としての「国体」概念を提示。天皇に対する絶対的な〝孝《こう》〟を尽くし、天皇の下ですべての人々が君臣の分を意識することで日本全体の秩序が保たれ、一丸となることができるという〝尊王〟論や、どうしたら外国から日本を守れるのかの方策として〝攘夷〟論を説いた。

つまり**水戸藩では嘉永《かえい》六年（１８５３）ペリー来航の約30年前の時点で、高い海防意識に由来する〝尊王〟〝攘夷〟が主張されていた**ということだ。

もちろん突然湧き出たわけではない。江戸時代初期から水戸藩では二代藩主・光圀が朱舜水を招聘《しょうへい》するなど儒学に傾倒。光圀の号令により彰考館で編纂が始まった『大日本史』（Ｐ１００）が歴代天皇の歴史をつづる形式だったこともあって、『大日本史』編纂に関わる儒学者の間で〝尊王〟思想が培われていた。

江戸時代中期には御三家の紀州徳川家から八代将軍・吉宗が誕生し、これ以降の将軍は紀州系から輩出されるようになる。このため他の御三家の尾張徳川家と水戸徳川家では、紀州系となった徳川将軍家に対する対抗心もあり、将軍家を上回る地位を有する天皇家を一段と崇拝するようになって、〝尊王〟の傾向が強くなった。

江戸時代後期には彰考館総裁の**藤田幽谷**《ふじたゆうこく》（🔑2）によって、内憂外患の危機克服のための**〝名分《めいぶん》〟論《ろん》**（🔑3）が強く唱えられて水戸藩の〝尊王〟思想が益々強固になった。

そこに藤田幽谷の教え子である会沢正志斎によって対外戦争への強い危機感から〝攘夷〟論が追加され『新論』という形で発露。そして正志斎から儒学の教えを受けた九代藩主・斉昭によって〝尊王〟〝攘夷〟は水戸藩にさらに浸透していくことになる。

大津浜事件の数年後に水戸藩主となった徳川斉昭は、大規模な軍事調練を行い、神社仏閣の鐘や仏像を溶かして自前の大砲を造るなど、〝攘夷〟のための政策を次々に打ちだした。他にもさまざまな藩政改革を行い、**学問分野においては日本最大規模の藩校・弘道館《こうどうかん》を設置した。**名称の由来は『論語』の次の一説にある。

子曰、人能弘道、非道弘人也。

（『論語』巻八　衛霊公第十五より）

孔子がおっしゃった。人は道（道徳や規律など、人としてよりよく生きるための道）を広めることができる。

道が人を広めるのではないという意味である。その理念の通り弘道館は藩士がさまざまな学問や武術を幅広く学べる、現代の大学のような教育施設であった。

ただ**その根幹となるのは強い〝尊王〟〝攘夷〟思想をベースにした儒学**である。弘道館の教育方針を示した『弘道館記《こうどうかんき》』に「尊王攘夷」が明記されていることは、前に述べた通りだ（P196）。

また、「敬神崇儒《けいしんすうじゅ》（神道を敬い、儒学を崇める）」の語もあり、神道と儒学が強く結びついた神儒一致の教育方針が取られたことも特徴だ。神道において天皇は神々の子孫とされているので、〝尊王〟思想の表れとも受け取れる。このような弘道館を中心に行われた水戸藩独特の儒学の学風は、当時盛んであった国学《こくがく》（🔑4）なども統合し、水戸学と呼ばれるようになった。

そして**この弘道館で学んだのが、徳川斉昭の七男・七郎麿《しちろうまろ》（後の慶喜）だ。**

●弘道館での英才教育

七郎麿は江戸の水戸藩邸で生まれたが、父・斉昭は江戸では華美な風俗で軟弱に育ってしまうと七郎麿を生後7ヵ月で水戸藩に送り、水戸藩で育てた。

斉昭自身も藩政改革を遂行するために水戸藩に戻り、天保十二年（1841）に藩校・弘道館が開校。このとき数え5歳だった七郎麿も同地にて学問を始めた。

一日のルーティンは、**朝起きると四書五経のうちの半巻を復読し、**側近が髪を結いあげながらその様子をチェック。ご飯を食べたら四つ時（午前10時ごろ）まで習字をして、**弘道館に行き、教授から素読の授業を受け**て正午ごろまでさまざまな授業を見学。午後には帰宅して習字と復習、というなかなかの過密スケジュールであった。

七郎麿は、はじめのころは武芸ばかり好んで学問に身が入らず、授業を放棄して教授陣を困らせたという。『徳川慶喜公伝《こうでん》』（🔑5）によると、斉昭は罰として七郎麿の指にお灸をすえたが「読書するぐらいならお灸を我慢した方がマシ！」と平気な顔をしていた。すると今度は座敷牢に入れられ、食事も禁止されたので流石《さすが》にこたえたのか、学問にも真面目に取り組むようになった。

このような七郎麿を斉昭は「天晴《あっぱれ》名将になる。しかし育て方を間違えれば手に余るようになるだろう」と評している。人の上に立つ名将になる才能を感じつつも、父の目から見てもやや難アリの性格だったのだろう。

それは次のエピソードからもうかがえる。ある時、斉昭は侍女に命じて七郎麿の枕の両脇に剃刀《かみそり》を置いて寝相を矯正しようとした。しかし七郎麿は、

「どうせ俺が寝た後取り除くんだろ」

と、高をくくっていたという。七郎麿はこういうよく言えば大人顔負けの賢さがあり、悪く言えば人の心の裏を読んで他人を馬鹿にする癖がある少年だったのだ。

斉昭はその後、あまりに急速な軍事拡張政策をとったため、幕府から危険視されて隠居謹慎処分となり、嫡男・慶篤《よしあつ》に家督を譲ったものの2年ほどで復帰。幕府へ海防意見書を出し続けて存在感を示した。また、七郎麿に自らの一字を与えて昭致《あきむね》と名乗らせて手塩にかけて育て上げ、ついに一橋家への養子入りの話が決まる。

当時現職の十二代将軍・徳川家慶《いえよし》の跡継ぎの家定《いえさだ》は生まれつき病弱だった。このため家定が万が一不慮の死を迎えた場合を想定して、御三卿にスペアを置く必要があった。御三卿の中で将軍を輩出した実績があるのは一橋家だけなので、一橋家の当主がその最有力候補になるはずなのだが、当時の一橋家は相続する人がおらず明屋形《あけやかた》になっていた。

●一橋家相続と将軍継嗣問題

この**一橋家に他家から養子を迎える必要があり、その人物がスペア候補筆頭になれる状況だった**のだ。斉昭は秘蔵っ子の昭致を売り込んだ。また、当時の老中・阿部《あべ》正弘《まさひろ》も対外政策の強化の必要性を感じており、海防に熱心な斉昭との連携に旨味を感じていたため、利害が一致。こうして弘化《こうか》四年（1847）、昭致は11歳で一橋家への養子入りを果たす。

江戸城の一橋屋敷に入り、当主となった昭致は、将軍家慶から偏諱《へんき》を賜《たまわ》り慶喜《よしのぶ》と名乗ることになった。家慶は慶喜を大変可愛がったらしい。**『昔夢会筆記《せきむかいひっき》』**（🔑6）によると、家慶はしばしば一橋屋敷にやってきて、自らが謡《うた》い、慶喜に舞わせて能のセッションを行うなど親しく過ごすこともあったという。

やがて家慶が亡くなり、家定《いえさだ》が十三代将軍になると間もなく、将軍継嗣問題が勃発した。斉昭は満を持して慶喜を擁立すべく、一橋派を形成。家定を「暗愚」、慶喜を「英明」「利発」と喧伝し、慶喜が十四代将軍候補となることはほぼ確実……かに思われたが、話はそう簡単に進まなかったのは前に述べた通りである（P193）。

このあたりの事情をもう少し詳しく述べると、家定の母の本寿院《ほんじゅいん》が「慶喜が跡を継ぐなら自殺する」と宣言したことが大きい。これは息子を「暗愚」と馬鹿にされるのが我慢ならないという母心もあっただろうが、大奥全体が大の水戸嫌いであったことも影響している。

水戸徳川家と大奥には因縁があった。十一代将軍・家斉《いえなり》の八女《はちじょ》の峰姫《みねひめ》は、水戸藩九代藩主・斉脩《なりのぶ》（斉昭の兄）の正室となり、輿入れの際には峰姫付の上臈《じょうろう》御年寄《おとしより》（大奥最高位）・唐《から》橋《はし》が一緒についてきた。**『燈前一睡夢《とうぜんいっすいむ》』**（🔑7）によると、唐橋は十一代将軍・家斉も側室にしたいと申し出たほどの美貌の持ち主だったが、「異性関係を持たないと誓って一生奉公を決めた身なので」と断られたという。しかし峰姫について唐橋が江戸の水戸徳川家の屋敷に入ると、たちまち斉昭が手をつけて懐妊させてしまった。

これにより峰姫は激怒。将軍家も激怒。大奥も激怒し、水戸徳川家に対する拒絶反応を起こしたのである。さらに水戸徳川家は初代当主・頼房《よりふさ》以来独自の血統を保っており、幕末には徳川宗家とはほぼ他人同然というほど、血縁関係が薄くなっていた。

つまり、**水戸徳川家は将軍家や大奥から見れば、「圧倒的よそ者」だったのだ。**

このため、南紀派の井伊直弼が大老に就任したことが決め手となって、紀州徳川家出身の徳川家茂が十四代将軍に就任。慶喜は安政の大獄により一時謹慎処分となるが、赦免後は将軍後見職など幕府の要職に就いて若き将軍・家茂を支えた。

●最後の将軍として「幕府を葬る」

家茂の死により30歳で十五代将軍に就任した慶喜。『昔夢会日記』によると、この時の慶喜の心境は、

「家康は日本のために幕府を開いて将軍になったが、**自分は日本のために幕府を葬る役割を担おうと覚悟を決めた**」

というものだったらしい。つまり、幕府を葬るために将軍になったというのだ。……カッコよすぎるのでは？

これは自分自身による回想なので思い出が美化されている部分は多少あるだろう。しかし、確かに徳川家を頂点とする世襲による封建的統治は、議会制民主主義が始まっていた当時の西洋諸国の社会構造とは大きくかけはなれていた。

鎖国したままであればそのままでもよかったのかもしれないが、「開国」「貿易」を行って西洋諸国との交流を決めた以上は、日本も西洋に倣った新しい政治体制を構築する時期に来ていたことは事実である。

誰かが幕府を葬る必要があった。そしてそれは、**徳川将軍家にとって「圧倒的よそ者」で**

ある水戸徳川家にルーツをもつ慶喜だからこそ、できる仕事だったのだ。

たとえば紀州徳川家にルーツをもつ家茂などは、八代将軍吉宗からの「血統」を受け継ぐ血縁的しがらみがあり、幕府を終わらせる決断を下すことは心情的に困難だったはずである。

慶喜は将軍就任から1年もしないうちに大政奉還を表明。一度幕府に終止符を打ったうえで、天皇を頂点にいただき、その下で徳川家を中心とした有力諸侯や世論に適う人物らによる連合政権を改めて構築する、いわゆる**大君制《たいくんせい》国家構想**（🔑8）の実現を想定していた。

しかし2ヵ月もたたないうちに討幕派のクーデターによる**王政復古《おうせいふっこ》の大号令**（🔑9）が発せられ、薩長を中心とする新政府が樹立してしまう。旧幕府内には新政府への怨嗟《えんさ》の声が渦巻いていた。

慶応四年（1868）元旦には慶喜が薩長新政権に対して大坂城で開戦を宣言。

3日、京都の鳥羽《とば》・伏見《ふしみ》において旧幕府軍と新政府軍が激突。戊辰戦争《ぼしんせんそう》が始まった。

5日、各地で苦戦を強いられる旧幕府軍に対し、慶喜が、

「たとえ万騎戦没して一騎となるとも大坂城を枕に戦え、大坂城敗れるとも江戸城あり、江戸城敗れるとも水戸城あり、断じて中途にして止《や》むべからず！」

と檄《げき》を飛ばし、自ら陣頭に立つことを宣言。

6日、出陣準備に入る。しかしこの日の夜、慶喜は大坂城を抜け出し、大坂湾から軍艦で江戸に引き上げたのであった。

……は？？？

なんとも不可解な行動に見えるが、この時の彼の心理を紐解くヒントはやはり『昔夢会筆記』のなかで彼自身が父・斉昭のことを振り返った言葉の中に見出《いだ》せるだろう。


予が二十歳のころだっただろうか、烈公《れっこう》（慶喜の父・斉昭のこと）は予を呼び出して、「公に言うべきことではないが、心得のために申しておく。我らは三家、三卿の一員として幕府を輔弼すべきことは言うまでもないが、万が一朝廷と幕府が戦うことになったら、我らはたとえ幕府にそむくことになったとしても決して朝廷に弓引くことがあってはならない。これは義公《ぎこう》（二代藩主・光圀のこと）以来の家訓であるから、ゆめゆめ忘れることなきように」

とおっしゃった。


（『昔夢会筆記　徳川慶喜公回想談』東洋文庫より　※筆者現代語訳）

鳥羽伏見の戦場において、新政府軍は**錦旗**《きんき》（🔑10）を掲げた。これは新政府軍が天皇の命を受けた正規軍たる官軍で、敵対する旧幕府軍＝賊軍、徳川慶喜＝朝敵という構図ができ上がったことを意味している。

二代藩主・光圀以来、水戸藩で脈々と受け継がれてきた〝尊王〟思想は、幼少期から斉昭の膝下で育ち、弘道館で英才教育を受けることで、慶喜の骨身に染みわたっていた。自分が朝敵とされたことは父や先祖までをも辱《はずかし》める屈辱で、慶喜を思考停止させるのに充分な衝撃だっただろう。

幕府を葬ることはできても、朝敵の汚名を着せられることは彼の血が許さなかったのだ。

戦線から離脱して江戸に戻った慶喜は新政府に恭順の態度を示すため謹慎。江戸城は新政府軍に明け渡されて、江戸は東京と改称され、慶應四年は明治元年になった。

こうして江戸時代が終わり、明治時代が幕を開けたのである。

◆慶喜と尊王　キーワード

※216ページからの文中の🔑と対応しています

（🔑1）会沢正志斎《あいざわせいしさい》

藤田幽谷《ふじたゆうこく》（🔑2）に学んで儒学を修め、幽谷の没後に彰考館総裁となる。その著書の『新論《しんろん》』は公式に出版される安政四年（1857）までの30余年間、筆写されて全国に伝播し「尊王攘夷」運動に大きな影響を与えた。

（🔑2）藤田幽谷《ふじたゆうこく》

水戸の古着商の子からその才能を評価されて彰考館総裁になった人。儒学を実用の学に建て直し、名分論《めいぶんろん》を唱えるなど幕末の水戸藩の思想の基盤を作り水戸学《みとがく》の祖とされる。息子の藤田東湖《ふじたとうこ》も儒学者で斉昭《なりあき》の側近。

（🔑3）〝名分《めいぶん》〟論《ろん》

寛政三年（1791）に藤田幽谷が記した『正名論《せいめいろん》』で示した、君臣上下の名分を厳格にわけて維持することこそ、社会の秩序を安定させる要であるとする考え方。天皇を絶対視する尊王論に理論的根拠を与えた。

(4)国学《こくがく》
儒学や仏教などの外来思想を排除して、日本の古典を研究し、日本固有の文化・思想を究明しようとする学問。日本古来の神道を重視し、天皇を日本の中心と位置付けることから尊王論に影響を与えた。

(5)『徳川慶喜公伝《こうでん》』
徳川慶喜の伝記。大正七年（1918）刊行。全八巻。幕末に慶喜に仕えた渋沢栄一《しぶさわえいいち》が、慶喜の汚名を晴らすために私費を投じて編纂した。

(6)『昔夢会筆記《せきむかいひっき》』
徳川慶喜の回想録。昔夢会は慶喜の伝記編纂事業の一環として、慶喜の回顧談を聞き、史料整理を行うための会。会主は渋沢栄一。

(7)『燈前一睡夢《とうぜんいっすいむ》』
昌平坂学問所の准博士だった幕臣・大谷木《おおやぎ》醇堂《じゅんどう》が明治時代になって自分が見聞きした話を書き留めた著作。

(8)大君制《たいくんせい》国家構想
徳川慶喜の側近・西周《にしあまね》が大政奉還後の政治プランとして提案した『議題草案《ぎだいそうあん》』にある国家構想。天皇を頂点にいただきつつ、大君が行政、立法などを統括し、その下で議会政治を行うという国家構想。

(9)王政復古《おうせいふっこ》の大号令

大政奉還《たいせいほうかん》後に天皇の名の下で発せられた新政府樹立宣言。武力を背景としたクーデターの手法がとられ、徳川慶喜に対しては、内大臣の官位を返上する辞官と、徳川家の領地の朝廷への返還納地が要求され、徳川将軍家の権力を事実上無力化した。

(10)錦旗《きんき》

歴史上、朝敵を討つ天皇の正規軍の旗として用いられてきた旗。赤地の錦の布に、日輪《にちりん》と月の形を並べて描くなどした細長い旗。

薩長の儒学

明治新政府の両翼となった薩摩《さつま》藩と長州《ちょうしゅう》藩でも儒学教育は盛んでしたが、両藩とも実践を重視したという特徴があります。

薩摩《さつま》（鹿児島県）地方には江戸時代以前に儒学がもたらされており、朱子学が盛んでした。八代藩主・**島津重豪**《しまづしげひで》は「蘭癖《らんぺき》」と呼ばれるほどに西洋文化にかぶれ……イヤイヤ、強い関心があった人で、蘭学を盛んにし、他にも漢方を学ぶ医学院や天文学を研究する明時館《めいじかん》（後の天文館）を作るなど、さまざまな分野の学問を奨励しました。ただ江戸の昌平坂学問所をモデルに作られた藩校・造士館《ぞうしかん》では、朱子学を中心とする儒学の講義が行われます。

このころには、郷中《ごじゅう》教育という、同じ地域に住む藩士の子どもたちのなかで、年長者が年少者に文武を教える独自の教育法も盛んになりました。そこで大事にされたのが「日新公《じっしんこう》いろはうた」。これは、島津家中興の祖である**島津忠良**《ただよし》（号は日新斎《じっしんさい》）が教育の基礎とするべく完成させた47首の歌なのですが、その最初が次の一首です。

いにしへの道を聞きても唱えても　わが行いにせずばかひなし

「古くからの立派な教えを学んでも、自分で実践しなければ意味がない」という意味ですね。このため学んだ知識は実践すべしという気風が育まれます。

江戸時代後期には『近思録』という、朱熹（P37）が編纂した儒学の実践に重きをおいた朱子学の入門書が、教本として盛んに読まれるようになりました。また儒学のなかでも〝知行合一〟を掲げる陽明学との親和性が高く、特に西郷隆盛のような下級藩士たちは陽明学に傾倒する傾向がありました。

長州藩の場合も江戸時代中期に五代藩主・**毛利吉元**《もうりよしもと》によって藩校明倫館《めいりんかん》が作られました。校名の由来は『孟子』の次の一節です。

皆所以明人倫也、人倫明於上、小民親於下

（『孟子』滕文公上より）

前後の文脈から、上に立つ人が教育によって人としての倫理や道徳を明らかにして導けば、下の人々も皆感化され、親しみ合って国は治まるという意味です。

明倫館での教育は当初朱子学に重きがおかれましたが、二代目の学頭が荻生徂徠（P1

３０）の高弟であったことから、西日本における徂徠学の中心地になってゆきます。徂徠学の特徴は自主性。各々の興味関心による自主的な学びを重んじ、学べばだれでも世の役に立つことができるという理念があります。

　長州藩の教育者といえば**吉田《よしだ》松陰《しょういん》**が有名ですが、松陰が晩年に松下村塾《しょうかそんじゅく》で重んじた自主性や身分にとらわれない教育は明倫館の気風も影響していたのかもしれません。

　吉田松陰は儒学の〝狂《きょう》〟を重視しました。儒学でいう〝狂〟とは進取《しんしゅ》の精神があって志のために進んで行動することをいい、孔子も孟子も重視した思想です。また王陽明の『伝習録』や大塩平八郎の『洗心洞箚記《せんしんどうさっき》』を読んでいることから陽明学の影響も少なからず受けていたと考えられています。

　確かに、松陰は実践の人でした。世界情勢からするといずれ日本も欧米列強に狙われると危機感を募らせ、自らの見識を広めるために全国を行脚《あんぎゃ》。ペリー再来航の時には実際に欧米をこの目で見ようと、ペリー艦隊に乗せてほしいと交渉して密航を企てます。

　この密航事件によって長州藩の野山獄《のやまごく》に入れられた松陰でしたが、その行動力や知見に魅せられて教えを乞う人は増え続けてゆきました。そして出獄を許されるといよいよ、松下村塾で教師として若者たちを指導するようになります。しかしその後も強烈な攘夷＆倒幕思想を持って活動し、老中暗殺計画を自白したため再び投獄されてしまいます。

自身で〝狂〟の実践が困難になると、門下生たちに〝狂〟の実践を促すようになります。その際に使用した言葉が「草莽崛起《そうもうくっき》」。〝草莽〟は『孟子』の中に「草莽之臣《そうもうのしん》」というフレーズで出てくる言葉で、在野にあって国のことを思い行動する人のことです。
松陰はその後、安政の大獄に連座して29歳の若さで刑死しますが、自身の志を受け継ぐ門下生たちの「草莽崛起」により長州藩は明治維新の一翼を担いました。

儒学こぼればなし

明治維新の立役者

薩摩藩と長州藩には共通点が多い。
ドン
薩摩藩リーダー
西郷隆盛
儒学における実践重視の傾向や、
外国との戦争の経験（薩英戦争・下関戦争）
ドン
長州藩リーダー
木戸孝允
徳川幕府への強い対抗意識などである。
だからこそ、薩長同盟を結び
協力して明治維新を成し遂げたのだが、
本心から仲良くなった
……
……
ギリ
ギリギリ
というわけではなかった。

同族嫌悪でしょうか

おわりに

本書のタイトル『論語と将軍』は、渋沢栄一の名著『論語と算盤』のオマージュです。

渋沢栄一は江戸時代後期、武蔵国《むさしのくに》榛沢郡《はんざわぐん》血洗島村《ちあらいじまむら》（現在の埼玉県深谷《ふかや》市《し》血洗島《ちあらいじま》）の農民の家に生まれ、幼少期から儒学に親しみ、親戚の豪農・尾高惇忠《おだかあつただ》が運営する私塾に通って学問に打ち込みました。

幕末になるとその才能を買われて最後の将軍・徳川慶喜に仕え、明治維新後は政府の役人を経て実業家に転身。約500の企業、約600の社会事業に携わり、「日本経済の父」とも呼ばれる存在となったことは、よく知られている通りです。

渋沢栄一には公益を求める「道徳」と、利益を求める「経済」を両立させるべきという信念がありました。そのことが如実に表れたタイトルが『論語と算盤』です。ここまで強い倫理観を確立しえたのは、幼少期に受けた儒学教育が高水準であったからに他なりません。

中国の春秋戦国時代において孔子が泰平の世を夢見て唱えた儒学の理念は、長い時を経て海を渡り、日本の徳川家康のもとへたどり着き、支配者として理想の社会を創ろうと試行錯誤する歴代将軍に受け継がれ、やがて江戸時代の社会全体に行き渡って、ついに農民の子として生まれた渋沢栄一に到達したのです。

不思議なものですね。孔子は喜んでいるかな？　なんだか感想を聞いてみたい気分です。

私は思想史は専門ではありませんので、本書における儒学の理解は参考文献にあげさせていただいた諸先生方のご著書から学びながら執筆させていただきました。お目だるい点も多々あったかと思いますが、なにとぞご容赦いただければ幸いです。

もし本書を通して何か儒学の本を読んでみたいと思っていただけたなら、まずは孔子と弟子たちの言行録である『論語』を読んでみてください。難しいことは何もないことにまず驚き、2千年以上前の時代の哲学が胸に響くことに感動を覚えると思います。

そしてきっと、その感動は、家康も、歴代将軍も、江戸時代の人々も、渋沢栄一も味わったはずのものなのです。

最後になりましたが、担当の藤井玲子さんはじめ、本書執筆にあたり携わってくださったすべての方々に心からお礼を申し上げます。ここまで読んでくださった貴方にも心から感謝を！　またどこかでお会いしましょう。

二〇二五年　四月　修身斉家治国平天下《しゅうしんせいかちこくへいてんか》を願って

堀口　茉純

参考文献

【参考図書】
『論語』金谷治（訳注）岩波文庫　１９９９
『孟子』小林勝人（訳注）岩波文庫　１９６８
『大学』宇野哲人（訳注）講談社学術文庫　１９８３
『中庸』宇野哲人（訳注）講談社学術文庫　１９８３
『易経』上・下　高田真治（訳）後藤基巳（訳）岩波文庫　１９６９
『礼記　中国古典新書』下見隆雄（著）明徳出版社　２０１１
『書経　ビギナーズ・クラシックス中国の古典』山口謠司（著）角川ソフィア文庫　２０１９
『新釈漢文大系95　貞観政要』上・下　原田種成（著）明治書院　１９７８
『国史大系　徳川実紀』黒板勝美（編）吉川弘文館　１９９８
『大日本史料』東京大学史料編纂所（編）東京大学資料編纂所　１９６７
『日本の朱子學』諸橋轍次・安岡正篤（監）　明徳出版社　１９７５
『近世日本社会と儒教』黒住真（著）ぺりかん社　２００３
『徳川後期の学問と政治　昌平坂学問所儒者と幕末外交変容』眞壁仁（著）名古屋大学出版会　２００７
『徳川思想小史』源了圓（著）中公新書　２０２１
『江戸の思想史』田尻祐一郎（著）　中公新書　２０１１

『江戸幕府と儒学者　林羅山・鵞峰・鳳岡三代の闘い』揖斐高（著）中公新書　2014
『人物叢書　藤原惺窩』太田青丘（著）　吉川弘文館　1985
『林羅山　書を読みて未だ倦まず』鈴木健一（著）ミネルヴァ書房　2012
『日本の思想家2　林羅山　（附）林鵞峰』宇野茂彦（著）宇野精一（監）明徳出版社　1992
『伊藤仁斎』相良亨（著）ぺりかん社　1998
『近代服忌令の研究　幕藩制国家の喪と穢』林由紀子（著）清文堂　1998
『近世社会経済学説大系 第6』誠文堂新光社　1935
『江戸時代落書類聚』矢島隆教（編）鈴木棠三・岡田哲（訂）東京堂出版　1984
『洗心洞箚記』大塩中斎・松本乾知（著）秀英舎　1892
『列侯深秘録』国書刊行会　1914
『論語と算盤』渋沢栄一（著）角川ソフィア文庫　2008

【デジタル化資料閲覧】

・国立国会図書館デジタルコレクション
・東京大学史料編纂所データベース
・国立公文書館デジタルアーカイブ
・国文学研究資料館国書データベース
・ジャパンナレッジ

●著者紹介

堀口茉純（ほりぐち　ますみ）
歴史作家　歴史タレント
江戸風俗研究家

1983年東京都足立区生まれ。幼少期より時代劇に親しむ。小学4年生の時、司馬遼太郎の本に出会い、沖田総司に初恋。明治大学文学部卒業後に時代劇デビュー。以降女優として舞台やテレビドラマに多数出演する。

2008年に江戸文化歴史検定一級を当時の最年少記録で取得すると、「江戸に詳しすぎるタレント＝お江戸ル」として注目を集める。2011年より江戸風俗研究家として江戸関連の著書を上梓し続けている。

また、長年にわたり歴史案内人として、NHKをはじめテレビ番組から、はとバスツアーまで幅広く活躍。

2011年YouTubeチャンネル『ほーりーとお江戸、いいね！』を開設。登録者数11万人超えの老舗歴史系ユーチューバーの顔も持つ。

『TOKUGAWA15　徳川将軍15人の歴史がDEEPにわかる本』（草思社）、『江戸はスゴイ　世界が驚く！　最先端都市の歴史・文化・風俗』（PHP研究所）、『大江戸花形絵師競：おもしろすぎる！　浮世絵案内』（山川出版社）など著書多数。国際浮世絵学会会員。

私生活ではアニメ・漫画オタク。通称〝ほーりー〟。

論語《ろんご》と将軍《しょうぐん》
徳川将軍《とくがわしょうぐん》15人《にん》と江戸時代《えどじだい》を創《つく》った帝王学《ていおうがく》

二〇二五年四月十五日　第一刷発行

著　者　堀口茉純《ほりぐちますみ》
発行者　清田則子
発行所　株式会社　講談社
〒112-8001　東京都文京区音羽2-12-21
販売　03-5395-5817
業務　03-5395-3615
編　集　株式会社　講談社エディトリアル
代表　堺　公江
〒112-0013
東京都文京区音羽1-17-18　護国寺SIAビル6F
編集部　03-5319-2171
印刷所　TOPPANクロレ株式会社
製本所　株式会社若林製本工場

N.D.C.210.5 240p 18cm ISBN978-4-06-539178-5

KODANSHA